Jevgenij Zamjatin
SREZ

REČ I MISAO
KNJIGA 482

Preveo s ruskog
ANDRIJ LAVRIK

JEVGENIJ ZAMJATIN

SREZ

IZDAVAČKO PREDUZEĆE „RAD"
BEOGRAD

Izvornik

Евгений Замятин
Изабранные произведения
Москва, Советский писатель

SREZ

1. Četvorougaoni

Otac stalno zanoveta: „Uči pa uči, ili ćeš kao ja celog veka šiti čizme“. A kako da uči, kad je u dnevniku prvi i, jasna stvar, čim počne čas, odmah njega dižu:

– Bariba Anfim. Izvol'te.

I stoji Anfim Bariba, preznojava se, mršti se i navlači ionako nisko čelo do samih obrva.

– Opet ni slovca? Ah-ah-ah, a već si prava momčina, mogao bi i da se ženiš. Sedi, bratac.

Bariba je sedao. I u svakom je razredu po dve godine sedeo. Tako je, malo-pomalo, bez žurbe, stigao i do poslednjeg.

U to vreme je imao već jedno petnaest godina, ako ne i više. Nicali su mu već, kao dobra ozima, brkovi, i išao je sa drugim dečacima na Streljecko jezero da gleda žene dok se kupaju. A posle, noću – bolje je i ne legati na spavanje: tako vrući snovi krenu, takav horovod zapletu, da...

Ustane Bariba ujutro sav poplaveo i čitav dan tumara. Do noći ostaje u manastirskoj šumi. Škola? Ma dabogda u zemlju propala!

Uveče otac uzme da ga lema: „Opet si pobegao iz škole, bitango jedna!“ A on ništa, skroz oguglao: stisne zube i ni da pisne. Samo mu još jače poiskaču svi oštri uglovi njegovog čudnog lica.

I stvarno – uglovi. Nisu ga badava ostali dečaci nazvali „Pegla". Teška gvozdena čeljust, široka, četvorougaona usta i usko čelo – prava pegla sa vrhom nagore. A i sav je on nekako širok, glomazan, sav od oštrih linija i uglova. Ali to je sve tako nekako spojeno, da je od neskladnih delova nekakva celina ispala; možda divlja, možda strašna – ali ipak, celina.

Dečaci su se plašili Baribe: kakav je, kad udari ima u zemlju da te utera. Rugali su mu se, ali iza ćoška, izdaleka. Zato su ga, kad bi bio gladan, hranili zemičkama i tek tu bi terali šegu sa njim:

– Ej, Bariba, 'ajde pregrizi ovo za pola zemičke.

I daju mu kamenčiće; biraju koji su tvrđi.

– Malo je – mračno odgovara Bariba. – Celu zemičku.

– U-u, đavole proždrljivi! – ali nađe se i cela. I Bariba na njihovo veselje počinje da grize kamenčiće, krši ih svojim gvozdenim krckalicama kô orahe. Zabava za dečake, cirkusant.

Šale su šale, ali kad je došlo vreme ispita, morale su i šaljivdžije da zasednu, svejedno što je zeleni maj napolju.

Osamnaestog, na caricu Aleksandru, po zakonu dolazi prvi ispit, prvi od završnih. I tu jedno veče otac odloži nasmoljeni konac i čizmu, skide naočare i reče:

– Dobro pazi šta ću ti sad reći, Anfimka. Ako i sad padneš na ispitu – isteraću te iz kuće.

Ono, reklo bi se da je sasvim zgodno ispalo – ima još tri dana za učenje. Ali kao za pakost momci baš tad uzeli da igraju „glava-pismo" – a što je to zanimljiva igra! Dva dana Anfim nije imao sreće, sav svoj kapital je izgubio: sedam grivenika[1] i novi pojas sa kopčom. U vodu da skočiš. Ali je zato trećeg dana,

---

[1] Srebrni novčić od 10 kopejki – *prim. prev.*

6

hvala Bogu, sve povratio i još dobio više od pola rublje.

Osamnaestog, jasno, Baribu prozvaše prvog. Ostali – ni da pisnu, čekaju: sad će da dobije svoje, budala. Izvukao Bariba list papira i zuri u njega. Od njegove beline i od straha počela ga je hvatati muka. Sve reči nekud iščileše – nema nijedne.

Iz prvih klupa sufleri šapuću:

– Tigar i Eufrat... Vrt, u kojem su živeli... Mesopotamija. Me-so-po-ta... Ih, gluvaću jedan!

Bariba je progovorio – jednu po jednu stao je izbacivati, kao kamenje, reči – teške i retke.

– Adam i Eva. Između Tigra i... onog Efrata. Raj je bio veliki vrt. U kojem su bili mesopotami. I druge životinje.

Pop je klimnuo, reklo bi se ohrabrujuće. Bariba se osokolio.

– A koji su ti to mesopotami? A, Anfime? Objasni nam to malo, Anfimuška.

– Mesopotami... Pa to su takvi... Prepotopne zveri. Jako grabežljive. I eto, oni su u raju živeli svi zajedno...

Pop se gušio od smeha i zaklanjao se podignutom bradom. Dečaci su polegali po klupama...

Kući Bariba nije ni išao. Znao je već – otac ne govori u vetar; što je rekao, to će i biti. Još bi ga samo i remenom dobro išibao.

2. Sa psima

Živeli jednom Balkašani, cenjeni trgovci, u svojoj fabrici slad kuvali, a onda naiđe kolera i tu oni svi do jednog pomreše. Priča se da negde daleko u velikom gradu imaju neke naslednike, ali naslednici, eto, nikako da dođu. I tako propada napuštena prazna kuća. Nakrivio se drveni toranj, prozori unakrst zakucani daskama, korov buja po dvorištu. Preko tarabe bacaju u dvorište Balkašinih slepe kučiće i mačiće, ispod nje se provlače spolja psi-lutalice za plenom.

Tu se i nastanio Bariba. Zapala mu za oko stara štala – vrata joj bila otvorena a u ćošku stoje jasle, od dasaka skucane – isto kao krevet. Za Baribu pravi raj: ne mora da uči, može da radi šta mu padne na pamet, da se kupa dok zubi ne zacvokoću, za verglašem ceo dan da se vuče po gradu, da ostaje u manastirskoj šumi i danju i noću.

I sve bi to lepo bilo, da mu ne nestade ubrzo novaca za hranu. A i koliko može da potraje jedna bedna rublja?

Počeo Bariba odlaziti na pijacu po hranu. Sa neskladnom životinjskom spretnošću, dugačkih ruku, sav se skupivši i izvirujući ispod čela, bazao je između podignutih belih rukunica, konjâ što su žvakali ovas, ženâ koje su neumorno radile jezicima; kad se suviše zapriča neka matrjona – gotov posao, Bariba nabavio ručak.

Ako nema sreće na pijaci – Bariba otrči do Streljeckog predgrađa. Gde hodajući, gde puzeći – rije po zadnjim dvorištima, gumnima, baštama. Jetki polen golica po nozdrvama, ali da kine – ne daj bože: gazdarica eno tamo plevi gredice, crveni joj se u zelenišu marama. Nakupi Bariba krompira, mrkve, ispeče kod kuće, u dvorištu Balkašinih, jede vrelo, bez soli – i eto, kao da je sit. Ugojiti se sigurno neće – ali dosta je da preživi.

Ako ne pronađe ništa za ceo dan – Bariba sedi gladan i zavidnim, vučjim očima gleda na pse: grizu kosti, igraju se njima. Gleda Bariba...

Dani, nedelje, meseci. Eh, dozlogrdio mu je već život sa gladnim psima u dvorištu Balkašinih. Okoreo je, otvrdnuo Bariba, obrastao i pocrneo, od mršavosti mu još više iskočile oštre čeljusti i jagodice, još teže i četvorougaonije postade mu lice.

Rado bi već pobegao od tog pasjeg života. Trebaju mu ljudi – ljudski da popije toplog čaja, da spava u krevetu.

Bilo je dana kada je Bariba po ceo dan ležao u svojim jaslama ničice na slami. Bilo je dana – po ceo dan je Bariba jurio tamo-amo po dvorištu Balkašinih, tražio ljude i nešto ljudsko.

U susednom, čizmarevom dvorištu, od ranog jutra puno sveta: kožari sa kožnim pregačama, vozari sa punim kolima koža. Vide – neko viri kroz rupu u tarabi – i ošinu po njoj bičem:

– Ej, ko je to tamo?

– Da nisu Balkašini ostavili čuvara u dvorištu?

Bariba – vučjim skokovima – u svoje jasle, u slamu, i leži. Eh, da mu nešto padnu šaka ti vozari: on bi im – on bi ih...

Od podneva u čizmarevom dvorištu noževi u kuhinji zvekeću, širi se miris pečenja. Ponekad se Bariba skameni kod svoje rupe u tarabi i ne miče se odatle dok preko ne završe sa ručkom.

A kad završe – onda i njemu nekako postane lakše. Kad završe, onda i sama Čizmarica izađe na dvorište: crvena, usedela, od debljine ne može da hoda.

– U-uh... – gvožđem po gvožđu – škripi zubima Bariba.

Na praznike nad dvorištem Balkašinih, sa kraja uličice, zvonila je Pokrovska crkva, i od zvonjave je bio još ljući Bariba. Zvoni i zvoni, u ušima odzvanja...

„A eto kud bih mogao – Jevseju u manastir!" – zvonjava mu dade ideju.

9

Još kao mali Bariba je posle batina trčao do Jevseja. I uvek bi dobio od njega čaja sa manastirskim pogačicama. Nutka ga Jevsej, i sam ga grdeći – ali onako, da uteši:

– E, moj mali... Pa mene je neki dan iguman za moju svetu kosu dohvatio, i ja ništa. A ti se dereš...

Bariba je veselo odjurio u manastir: gotovo je sa pasjim životom.

– Je li tu otac Jevsej?

Iskušenik je stavio ruku na usta, zakikotao se:

– E baš! Sa svećom ga ne bi naš'o – napio se, nedelju dana ne izlazi iz Streljecke!

Nije tu Jevsej. Gotovo, nema više kuda. Opet u dvorište Balkašinih...

3. Pilići

Posle večernje ili dnevne službe Čizmaricu dostiže baćuška Pokrovski, vrti glavom i kaže:

– Nije to dobro, majčice. Treba hodati, treba ići u šetnje. Inače će te salo sasvim zavaliti.

A Čizmarica se na svojim kočijama razvukla kao testo i, skupljenih usana, odgovara:

– Ni mogu nikako, baćuška – imam neprestano lupanje srca.

I vozi se Čizmarica dalje po prašini, uokvirujući kočije ̄kao jedna celina sa njima, teška, gipka, na oprugama. A inače, na vlastitim nogama, bez točkova, niko Čizmaricu na ulici nije video. Čak i do sopstvenog kupatila (kožarsku manufakturu i kupatilo ostavio joj je pokojni muž) i tuda je na kočijama išla – petkom, na ženski dan.

I zato su te kočije, i šarac uškopljenik, i kočijaš Urvanka bili na velikoj ceni kod Čizmarice. A posebno Urvanka: kudrav, jak, pravi đavo – a i crn je bio kô đavo, valjda je bio Ciganin, šta li. Garav, nizak, žilav, sav je bio kao čvor na jakom užetu. Pričalo se da on kod Čizmarice ne služi samo kao kočijaš. Ali i ono što se govorilo – i to sve samo u pô glasa, naglas niko nije smeo: ko Urvanki padne šaka, taj se loše provede. Najveće zadovoljstvo mu je bilo da prebije čoveka – sam je mnogo puta bio bijen, dok je još bio konjokradica.

A ipak, imao je Urvanka dve velike ljubavi: voleo je konje i kokoške. Konje timari, češlja im grivu svojim bakarnim češljem, i sve razgovara sa njima na nekom čudnom jeziku. A možda je stvarno bio nekrst?

A kokoške je voleo zato, što su kokoške s proleća – pilići: žuti, okrugli, mekani. Bilo je, da ih je jurio po celom dvorištu. Zavuče se pod kola, pod trem četvoronoške, a kad ih uhvati, uzme na ruke i – što najviše voli – greje ih dahom. Niko mu tada ne vidi lice. Đavo bi ga znao, kakvo je u taj čas. A ko ne vidi svojim očima, nikad ne bi poverovao – Urvanka i pile! Svašta!

Na Baribinu nesreću, desilo se da je i on zavoleo Urvankine piliće – ukusni, pa se navadio. Nestalo drugo, treće – i Urvanka primeti. A kako su nestali – nikako mu nije jasno. Da se nije neki tvor pojavio?

Jedared posle podneva leži Urvanka u hladovini taljiga. Vrućina je, na san navodi. I pilići se u šupu sklonili, seli u senku pored zida, zatvorili oči, spustili kljuniće.

I ne vide, siroti, da je pozadi daska odvaljena i da se kroz otvor provlači, pruža prema njima ruka. Cap! – i zapištalo je, zakoprcalo se pile u Baribinoj ruci.

Skočio je, kriknuo Urvanka, pa jednim skokom preko tarabe.

– Drži ga, drž' lopova!

Divlji, životinjskli trk. Stigao je Bariba, zavukao se u svoje jasle, sakrio se pod slamu, ali ga Urvanka i tamo pronađe. Izvukao, postavio ga na noge.

– E, sad ćeš videti. Platićeš ti za moje piliće...

I odvukao ga do Čizmarice – najbolje da ona smisli kaznu za lopova.

4. Smilostivio se

Kuvaricu Anisju sa debelom njuškom, Čizmarica je oterala. Zašto? Pa zato, da se ne mota oko Urvanke. Oterala ju je, i sad može samo da pukne od jeda. U celom gradu nema dobre kuvarice. Morala je da uzme Poljku – jednu lenju devojčuru.

U Pokrovskoj crkvi zvonili su na večernju, Poljka je u salonu mela pod, polivši ga razređenim čajem, kako ju je Čizmarica učila. A sama Čizmarica je sedela tu, na divanu presvučenom kretonom i umirala od dosade, gledajući u staklenu muholovku: u njoj je kvas, a u kvasu su se davile od dosade muve. Čizmarica je zevala, krstila usta. „Eh, gospode-baćuška, pomiluj...“

I smilovao se gospod: začula se buka i topot u predsoblju – i Urvanka gurne unutra Baribu. Ugledavši Čizmaricu, Bariba se tako prepao da je prestao i da se otima, samo su mu oči, kao miševi, skakutali po uglovima sobe.

Kad je čula za piliće, razbesnela se Čizmarica, počela da viče, prskajući pljuvačkom:

– Na piliće, na angele božije, digao ruku? Ah, zlotvore, ah, ubico! Poljuška, daj metlu. Daj metlu, neću ništa da znam!

Urvanka se iscerio, zamahnuo otpozadi kolenom – i Bariba je već na podu. Izvijao se kao zmija, grizao – ali ništa ne može protiv Urvanke-đavola: ukrotio ga, položio, pantalone sa rupama očas strgao sa

Baribe i sad samo čeka Čizmaričin mig, pa da počne sa batinama.

A Čizmarica – od smeha nije mogla ništa da kaže, takav ju je smeh spopao. Nasilu je otvorila oči – šta su se oni tamo na podu utišali?

Otvorila oči – i smeh ju je ostavio; nagnula se bliže ka napetom, životinjski-čvrstom Baribinom telu.

– Makni se, Urvane. Ma pusti ga, kažem. Daj da ga lepo ispitam... – na Urvanku Čizmarica nije gledala, skrenula je pogled ustranu.

Lagano se sklonio Urvanka, na pragu se okrenuo, iz sve snage zalupio vratima.

Bariba skočio, zgrabio pantalone – a od pantalona samo dronjci ostali... Nije važno, treba bežati...

Ali Čizmarica ga je već čvrsto držala za ruku:

– A čiji ste vi, dečko?

Još je imala napućene usne, umesto „dečko" rekla je „dičko", još se pravila stroga, ali nešto drugo je u toj strogosti osetio Bariba.

– Ob-obućarev sam... – i setivši se svega, glasno je zaplakao, zacvileo. – Zbog is-ispita otac me isterao, ži-živeo sam u dvorištu Bal-Bal...

Čizmarica je pljesnula rukama, zapevala nežno--žalosno:

– Ah, sirotane moj, ah, nesrećni moj mali! Iz kuće – sina rođenog? I to mi je neki otac...

Napévala je – i nekud vukla za ruku Baribu, i Bariba je žalosno-pokorno išao za njom.

– ...I nema niko da ga nauči dobrom. A đavo nagovara – ukradi pile, ukradi – je l' tako?

Spavaća soba. Ogroman krevet sa planinom od jorgana. Kandilo. Bleště rize sa ikona.

Čizmarica gurne Baribu na nekakav ćilimčić.

– Na koleni, na koleni klekni. Pomoli se, Anfimuška, tako. Gospod je milostiv, oprostiće ti. I ja ću ti oprostiti...

I sama se spustila negde iza njega, jarosno zašaptavši molitvu. Ukočio se Bariba od straha, klečao je ne mičući se. „Ustani, beži. Ustani...“

– Šta ti je, šta radiš? Kako su te to učili da se krstiš? – Čizmarica je uzela Baribinu ruku. – Evo, 'vako: na čelo, pa na stomak... – oblepila ga je je otpozadi, disala mu u vrat.

Odjednom, neočekivano za sebe, Bariba se okrenuo i, stisnuvši zube, duboko gurnuo ruke u nešto mekano kao testo.

– A, to ti 'oćeš? Znači, taki si ti, a? Pa nek' ti bude – za tebe ću, za sirotana, i da sagrešim.

Bariba je potonuo u slatko vrelo testo.

Na noć mu je Poljka namestila pustinu na sanduku u predsoblju. Bariba je vrteo glavom: eto, kakvih sve čuda ima na svetu! Zaspao je sit i zadovoljan.

5. Život

Da, nije to više ono, kao u dvorištu Balkašinih. Sve na gotovo, na miru, na mekim perinama, u sobama dobro zagrejanim šapurikom. Čitav dan je prolazio u slatkom neradu. Uveče – na ležaj pored mačora Vaske koji glasno prede. Može se jesti koliko hoćeš. To je život!

Možeš jesti, dok se ne preznojiš, dok ti se ne smuči od jela. Jesti od jutra do večeri, život u jelu provoditi. Tako je to kod Čizmarice.

Ujutro – čaj sa mlekom i ražanim zemičkama na surutci. Čizmarica u beloj spavaćici (ne baš sasvim beloj), glava joj uvezana maramom.

– A što ste vi stalno u marami? – pita Bariba.

14

– Ala su te učili! Kako može žena gologlava da ide? Pa nisam ja neka devojčura; greh bi bio. Ja sam venčana živela sa mužem. To samo devojčure tako idu gologlave...

Ili neki drugi razgovor koristan uz jelo zapodenu: o snovima, o sanovniku, o Martinu Zadeku, o raznim znamenjima i vradžbinama.

Tamo-amo, i evo već je dvanaest sati. Vreme ručku. Pihtije, šči, somovina, ili usoljeni šaran, pržena crevca sa kašom od heljde, iznutrica sa hrenom, ukiseljene lubenice ili jabuke i još koješta drugo.

U podne – ne znaš da li da spavaš, ili na reku, na kupanje. Naravno, đavo na spavanje nagoni, zeva se, popodnevna pospanost obuzima.

Od teške dosade Bariba ide u kuhinju kod Poljke: ako je i glupača, ipak – živ čovek. Nađe tamo mačora, Poljkinog ljubimca, i stane ga u čizmu nabijati. Vriska, smak sveta. Poljka kao luda trči oko Baribe.

– Anfime Jegoriču, Anfime Jegoriču, pa pustite mog Vasenjku, Hrista radi!

Anfim se cereka i gura mačka sve dublje. Poljka sad već moli Vasenjku:

– Vasenjka, no-no, ne plači, pritrpi se malo. Sad će te pustiti, sad će.

Mačak se dere kao da ga kolju. U Poljke – oči okrugle, marama se smakla sa glave, vuče za rukav Baribu svojom slabom rukom:

– Pusti ga, ili ću te sad tom čizmom tresnuti!

Bariba baca čizmu sa mačorom u ćošak i smeje se, zadovoljan – sve odzvanja od njegovog smeha.

———

Večeralo se rano, u devet. Poljka donese večeru, i Čizmarica je pošalje na spavanje, da se ne vrti po kući. Onda uzima sa police flašu.

15

– Uzmite, Anfimuška, uzmite još čašicu.

Ćutke piju. Tanko pišti i dimi lampa. Dugo niko ne vidi.

„Dimi. Da joj kažem?" – misli Bariba.

Ali misli tonu, ne daju se povratiti, izgovoriti.

Čizmarica naliva sebi i njemu. U mutnoj svetlosti lampe celo njeno lice pretvara se u nejasnu mrlju. I, vide se i čuju samo pohlepna usta – crveni mokri otvor. Čitavo lice su samo usta. I sve bliže Baribi je miris njenog znojnog, lepljivog tela.

Dugo, sporo umire svetlost lampe. Crni sneg čađi leti po kuhinji. Smrad.

A u spavaćoj sobi – kandilo, svetlucave rize od staniola. Krevet je rezmešten i pored njega na ćilimčiću klanja se Čizmarica.

Već zna Bariba: što više se klanja, tim više zamazuje grehe svoje – i tim duže će ga mučiti noću.

„Da mi je da pobegnem nekud, da se zavučem u neku rupu kao bubica..."

Ali nema kuda: vrata su zaključana, prozori zapečaćeni tamom.

———————

Šta da se kaže, teška je Baribina služba. Ali zato ga Čizmarica prosto obožava, ništa ne štedi na njemu. Toliku je moć Bariba nad njom stekao, da ni o čem drugom i ne misli, do kako bi još Anfimuški svome ugodila.

– Anfimuška, 'ajde još jedan tanjirić...

– Joj, kako je danaske 'ladno. Anfimuška, daj da ti vežem šal...

– Anfimuška, pa je l' te opet stomak bole? Joj, pa kako to? Na, uzmi votke sa slačicom i solju – to je najbolje sredstvo.

Duboke čizme, srebrni sat na lančiću oko vrata, nove gumene kaljače – i ide tako kao kicoš po čizmarskom dvorištu, naređuje i raspoređuje.

– Ej, ti, kožoderu, budalo kočijaška, de si to kože stavio? Šta sam ti ja rek'o de da ih staviš, a?

I još mu od zarade odbije, i gnječi mužik pred njim svoju poderanu kapu, klanja mu se.

Samo jednoga se plašio i obilazio ga nadaleko Bariba – Urvanke. A inače i na Čizmaricu se prodere nekad. Trpi, trpi, a neki put takva bude noć... Ujutro je sve mutno, pobegao bi Bariba na kraj sveta. Zatvori se u salonu i juri po njemu kao u kavezu.

Čizmarica se utiša, čeka. Zove Poljku.

– Poljuška, idi vidi šta on radi tamo. I zovi ga na ručak.

Smejući se, vraća se Poljka:

– Neće da ide. Ljut je, jo-oj što je ljut, samo korača gore-dole.

I čeka Čizmarica sa ručkom sat, dva sata.

A kad ona čeka sa ručkom, sveti čas ručka odlaže – onda to nešto znači...

6. U krčmi

Ugojio se Bariba na upravničkom položaju i na dobroj hrani.

Sreo ga jednom u Dvorjanskoj ulici poštar Černobiljnikov, njegov stari poznanik, i prosto raširio ruke od čuđenja.

– Pa nisam te ni poznao. Pravi trgovac!

Černobiljnikov je zavideo Baribi: dobro živi momak. Tu nema izvlačenja – ima Bariba dobro da se izuje, da časti društvo u krčmi – šta je to za njega, bogataša.

Obrlatio ga, nagovorio.

U sedam sati, kao što je bio dogovor, stigao Bariba u krčmu Čurilova. A mesto – veselo, gospode! Buka, galama, vatre. Kelneri u belom trčkaraju, pijani glasovi promiču kao špice u točku.

Baribi se zavrtelo u glavi, stao je i nikako nije video Černobiljnikova. A ovaj već viče poizdalje:

– E-ej, trgovac, ovamo!

Blešti poštarska dugmad na Černobiljnikovu. Pored njega neki čovečuljak. Mali, oštronosi, sedi na stolici – ali kao da i ne sedi na njoj, više kao da na grani poskakuje, poput vrapca.

Černobiljnikov je pokazao glavom na njega:

– Ovo je Timoša, krojač. Što taj ume da priča!

Osmehnuo se Timoša – upalio toplo kandilo na svom oštrom licu:

– Aha, krojač. Mozgove ušivam.

Bariba zinuo, hteo da upita nešto, ali ga otpozadi gurnuše u rame. Kelner sa visoko podignutim poslužavnikom, skoro kod glave, već je stavljao pivo na sto. Galama, glasovi su se mešali, i nad svima se dizao jedan – riđi gazda, prekupac konja, derao se na sav glas:

– Mićka, ej, Mićka, tikvane jedan, 'oćeš li doneti to ili nećeš?

I opet zapevao:

Po tebi, široka ulico,
Poslednji put idem...

Timoša se obradovao kad je čuo da je Bariba iz sreza.

– Znači, isti onaj pop te je udesio? Ma kako da ne, znam ga, dobro ga znam. Šio sam mu. Uh, što me taj ne voli!

– A zašto te ne voli?

– Zbog mojih priča. Neki dan mu kažem: „A kako će to naši sveci živeti u raju? Timofej milostivi, moj anđeo zaštitnik, gledaće kako se ja u paklu mučim, a sam će rajske jabuke da jede? Eto ti na – svetac, eto ti milostive duše! A da me ne vidi, da ne zna ništa – to ne može, po katehizisu mora da zna". A popa odmah zavezao, nije znao šta da kaže.

– To ti je vešto! – zarzao je Bariba, nasmejao se od srca.

– „Bolje bi ti bilo – kaže mi popa – da dobra dela činiš, nego što laprdaš jezikom." A ja njemu: „Zašto da činim dobra dela? Bolje da činim zla. Zla će za moje bližnje biti korisnija, jer, po jevanđelju, Gospod će im za moje zlo na onom svetu strostrukim dobrom uzvratiti..." Uh, što je lajao popa!

– Tako, samo ti njemu reci! – likovao je Bariba. On bi sad i zavoleo Timošu za to, što je tako vešto postavio popu na mesto – zavoleo bi ga, da nije bio tako težak Bariba, čvrsto zakvašen, nije bio za ljubav napravljen.

Za stolom gde je sedeo riđi gazda zazveketale su čaše. Strašna, riđom dlakom obrasla šaka tresnula je po stolu. Gazda je urlao:

– 'Ajde ponovi! 'Ajde ponovi šta si rek'o! 'Ajde ako smeš!

Skočiše susedi, zbiše se okolo, istegnuše vratove – eh, što je naš narod – ne bi jeo ni pio, samo da gleda neku gužvu.

Nekakav tankovrati dugajlija izvukao se iz gomile, prišao stolu i pozdravio se sa Černobilj-nikovom. Pod miškom je držao kapu sa kokardom.

– Strašno... Eno, još se svi guraju, kao stoka – rekao je, glasom tankim kao u guske, i prezirno napućio usne.

Seo je. Na Timošu i Baribu nije ni pogledao. Obraćao se Černobiljnikovu: poštar je ipak nekakav činovnik.

Timoša je baz oklevanja naglas objasnio Baribi:

– Blagajnikov zet. Blagajnik ga oženio svojom poslednjom, usedelom, i zaposlio ga kao pisara u blagajni pa se sad, eto, šepuri.

Blagajnikov zet kao da ga nije čuo i još glasnije je govorio Černobiljnikovu:

– I posle revizije ga odveli pred gubernijskog sekretara...

Černobiljnikov je ponovio sa poštovanjem:

– Gubernijskog?

Timoša više nije mogao da izdrži – upao je u razgovor:

– Poštaru, Černobiljnikove, a sećaš se kako je ovoga nedavno načelnik policije iz „plemićke"... izgurao zadnjicom?

– Ja vas molim... Lepo vas molim!... – besno je rekao blagajnikov zet.

A Timošta je pričao dalje:

– „...'Ajde da ne smeš!" – „'Ajde da smem!" – I tako, reč, po reč, pade opklada. Uđe on u „plemićku", a tamo su baš igrali bilijar blagajnik i načelnik. Ovaj naš fićfirić ode do tasta, pa uze da mu šapuće nešto na uvo – kao da je došao nekim poslom. I onda lepo ostao da stoji tamo. A načelnik počeo da cilja onim štapom, pa sve unatraške oko stola – i načisto ga izgurao zadnjicom. Eh, što su se smejali!

Bariba i Černobilnikov iskidaše se od smeha.

Blagajnikov zet je ustao i otišao bez ijedne reči.

– Nema veze, još ćemo se mi pomiriti – rekao je Timoša. – Bio je on dobar momak. A sad evo: na glavi mu činovnička kapa, a u glavi samo prazna rupa.

7. Stablo narandže

Kod Poljke, bosonoge glupače, u kuhinji samo jedno prozorče, pa i na njemu se staklo zamutilo od starosti. A na tom prozoru kod Poljke – teglica.

U tu teglicu je Poljka već odavno – ima već pola godine – posadila zrno od narandže. I da vidiš, celo drvce izraslo: jedan, dva, tri – četiri listića na njemu, sitna i sjajna.

Vrti se po kuhinji, lupa šerpama – i svaki čas ode do drvca, lišće pomiriše.

– Kako je to čudno. Bilo je zrno – a vidi sad...

I čuvala ga je, i negovala. Čula je negde da je to korisno – i počela zalivati drvce supom, kad bi preteklo od ručka.

Jednom se Bariba vratio iz krčme jako kasno, ustao ujutro mračan i ljut, ispio čaj i – pravo u kuhinju, da se razonodi. Poljka ga je sad već zvala „gospodine", što mu je bilo vrlo prijatno.

Poljka je baš stajala kod prozora, kod svog drvca obožavanog.

– De je mačak?

Poljka je, ne okrećući se, uplašeno odgovorila:

– Oni su, gospodine, izašli. Sigurno su u dvorištu, di bi drugo bili?

– A šta ti tamo radiš?

Ućutala je, skupila se. Činija sa supom u rukama.

– Su-pom? Travu zalivaš supom? Pa je l' za to supa, ti gluperdo jedna? Daj to ovamo!

– Ali to je narandža, gospodine...

Poljka se prepala – šta će sad da uradi?

– Daću ti ja narandžu! Supom zaliva, glupača!

Bariba zgrabi teglu sa narandžom. Poljka je počela da zavija. Ma šta će se on tu sa njom, glupačom, zamajavati? Iščupao Bariba drvce zajedno sa korenom

21

– pa kroz prozor, a teglicu vratio na mesto. Normalno.

– Narandžice moja, šta ću ja bez tebe...

Bariba je veselo šljepne otpozadi i ona izjuri iz kuhinje, pa preko dvorišta – pravo u podrum.

Kao da je pregrizao neki kamen sa Poljkom i njenom narandžom – postalo mu je lakše. Bariba je veselo kesio zube.

Kroz prozor ugleda kako Poljka silazi u podrum. Neki žrvanj mu se lagano pokrenuo u glavi – i brže mu zakuca srce.

Izašao je u dvorište, pogledao levo-desno i jurnuo u podrum. Dobro je zatvorio za sobom vrata...

Posle sunca – u mrak: kao da je sasvim oslepeo. Pipao je po vlažnim zidovima, spoticao se.

– Poljka, de si? Ma de si se zavukla?

Čuje se kako Poljka negde šmrca, a gde...

Vlažno, plesnivo, kao u grobnici. Pod rukom krompiri, kace; srušio je drvenu čašu sa nekog ćupa.

Evo i Poljke – sedi na gomili krompira, razmazujući suze. Gore, iznad njih ima neka rupica – jedan vešti, tanki zrak se provukao i zasekao Poljku po kosi, krpi, prstima, prljavom obrazu.

– Dobro, dobro, ne cmizdri, pa šta je?

Bariba se lagano navalio na nju i ona se ispružila. Micala se poslušno i bila je kao krpena lutka. Samo je još češće jecala.

Baribi se usta osušiše, jezik se jedva pokretao. Mleo je nešto bez veze, samo da je zaokupi, da joj skrene pažnju sa onoga šta je radio:

– Ma 'ajde, pa šta je to, narandža. A ti odma' plačeš. Ma kupićemo ti umesto narandže geraniju... Geranija je... hla... hladovita...

Poljka se trzala i jecala, i od toga je bilo još slađe Baribi.

– Ta-ko, tako! E, sad možeš da plačeš dalje! – završio je Bariba s njom.

Poljka je otišla. Bariba je još ostao, opružio se na gomili krompira, odmarajući.

Odjednom je razvukao usta do ušiju, zadovoljan. Glasno je rekao Čizmarici:

– Šta je, matora gaduro; eto ti sad nȁ!

I pokazao joj figu u mraku.

Izašao je iz podruma, zaškiljio – sunce. Pogledao je pod kola u šupi; tamo se nameštao, leđima okrenut, Urvanka.

8. Timoša

Sedeli su u krčmi za čajem. Timoša je sve gledao u Baribu.

– Što si ti neki nezgodan čovek. Sigurno su te mnogo tukli.

– Tukli su, nego šta – nasmejao se Bariba. To mu je bilo čak nekako prijatno: tukli ga – a sad nek proba ko ako sme.

– Zato si i ispao tako težak. Nemaš savesti ni koliko kokoška...

I počeo svoje – o Bogu: svi znaju da ga nema, a opet traže da se živi po božjim zakonima; pa o veri; pa o knjigama. Nije navikao Bariba toliko da melje svojim žrvnjem, umarala su ga Timošina mudrovanja. Ali ipak ga je slušao – vukao se za njim kao teška zaprežna kola. A i koga će da sluša, ako ne Timošu: momak je glava.

A Timoša je stigao do glavnog:

– Neki put ti se učini – ima. A onda razmisliš – i opet vidiš da nema ničeg. Ničega: ni Boga, ni zemlje, ni vode – samo vazduh treperi. Samo priviđanje.

Timoša je vrteo glavom kao vrabac, mučilo ga je nešto.

– Samo priviđenje. Eh, kako bi bilo stići do toga! Upoznati se sa tim ničim, hraniti se golim vazduhom. E, to je ono, bratac...

Tu je Timoša opazio, da ga ne prati više Bariba. Spotakao se, zaostao.

– Kome ja pričam! Baš tebe briga za to, ti živiš trbuhom... Tvoj bog je za jelo...

Izađoše iz krčme. Junska noć, topla, mirišu lipe, zrikavci se dozivaju u travi. A Timoša se obukao u vatirano odelo, čudak jedan!

– Šta si se tako umotao, Timoša?

– Uh, mani me. Bolje da ne znaš. Tu-ber-ku-lo-za, bratac moj. Tako je doktor u bolnici rekao. Ne smem da se prehladim ni slučajno.

„A, zato je on tako slabunjav" – i Bariba je nekako odjednom osetio snagu svog čvrstog, životinjskog tela. Koračao je težak i zadovoljan: bilo je prijatno stupati po zemlji, pritiskati je, gaziti – evo ovako! ovako!

Kod Timoše, u sobici sa pocepanim tapetama, sedelo je za drvenim neofarbanim stolom troje dece, pegave, mršave.

– Gde je mama? – viknuo je Timoša. – Opet je nema.

– Iz zemstva su došli po nju – krotko je odgovorila devojčica i počela u uglu obuvati cipelice – nezgodno je da bude bosa, ipak je neko došao u kuću.

Timoša se namrštio.

– Daj kašu, Fenjka. I donesi bocu iz predsoblja.

– Mamica je rekla da ne smem bocu.

– Daću ti ja mamicu! Brzo! Sedi, Bariba.

Seli su za sto. Gore je tanko pištala lampa sa limenim zaslonom, oblepljena crknutim muvama.

Fenjka je počela odlivati kašu iz činije u drveni tanjir deci. Timoša podvikne na nju:

– Šta je to? Gadite se rođenog oca, je li? Je l' vas to majka uči? Naučiću ja nju, samo da se vrati! Vucara se...

Deca počeše da jedu iz zajedničke činije, nerado, snužđeno. Timoša se nacerio i rekao Baribi:

– Eto – gospoda Boga iskušavam. U bolnici su rekli da je ona, jektika, zarazna, pa da vidim – hoće li preći na decu ili ne? Hoće li se dići ruka Gospoda Boga na nevinu decu, ili neće?

Neko je plašljivo, tek-tek, zakucao na prozor.

Timoša je brzo otvorio prozor i otrovno rekao:

– A, dovukla si se?

A onda Baribi:

– 'Ajde, bratac, idi ti sad. Nemaš ti više tu šta da gledaš. Ovo je naša stvar.

9. Ilin dan

Veče Ilijinog dana je posebno, i zvonjava crkvenih zvona je posebna: u sabornoj crkvi – sto kod oltara, i u manastiru – sto kod oltara, kuvarice u svim kućama peku kolače za jutrenje, a na nebu prorok Ilija sprema svoje gromove. I nebo je na Ilijin dan posebno – čisto i tiho, kao u kućici pospremljenoj za praznik. Svi žure u svoje crkve: ne dao bog da se na Ilijin tropar zakasni, cele godine će se suze liti, kao kiša, koja oduvek pada na Ilijin dan.

Možda će neko i da zakasni, ali Čizmarica sigurno neće: ona je prva bogomoljka u Pokrovskoj crkvi. Unapred je, odavno upregao konje Urvanka.

Upregao i ide kroz dvorište – baš pored podruma. Gleda – vrata otvorena. Progunđao Urvanka:

– Eh, đavoli, i vrata su već rasklimatali. Ljudi idu da se mole bogu, a oni – evo šta rade. Bestidnici.

I opsovao. Hteo je da zatvori vrata, ali stade. Zamislio se, nacerio.

Došao da obavesti Čizmaricu da su konji upregnuti.

– ... Samo, dozvolite da vas zamolim da izađete malo na dvorište – i čvorom zavezao Urvanka osmeh na svom tamnom licu – pa ti odgonetaj šta on znači.

– Ma šta sad ti hoćeš – rekla je Čizmarica, ali je ipak pošla, šuškajući svilenom, smeđom na cvetiće haljinom.

Spustila se, dahćući, niz stepenice. Prošla pored podruma.

– Bolje da si se setio da zatvoriš vrata. Sve im treba reći... – Čizmarica je žena čuvarna, domaćinska; može li takva mirno proći pored otvorenih vrata? Zatvoriće ih – pa sve i da ne treba.

– A šta, zar ćete njih tamo da ostavite?

– Koga – njih?

– Kako koga? Pa Anfima Jegoriča i Poljku. I oni bi trebalo da na Ilijin dan odu na večernju.

– Lažeš, đubre jedno! Ne verujem da bi Anfim s njom...

– Neka me Ilija sutra pogodi gromom, ako lažem.

– Prekrsti se!

Urvanka se prekrstio. Znači – istina je.

Prebledela je Čizmarica i zatresla se kao ukiseljeno testo nabubrelo do ivice naćava. Urvanka je pomislio: „Sad će da pobesni". Ali ne, valjda se setila da je na njoj svilena haljina. Važno je napućila usne i rekla, kao da ništa nije bilo:

– Urvane, zatvorite vrata. Vreme je da idemo u crkvu.

– Dobro, majčice.

Urvan je navukao rezu, odvezao konje, i zaplovile su po ulici čuvene Čizmaričine kočije.

Čizmarica je, kao i uvek, stajala napred, u desnoj strani crkve. Složila je ruke na stomaku i uprla oči u jednu tačku na desnoj đakonovoj čizmi. Na čizmu se zalepio nekakav papirić, đakon je stajao pred Čizmaricom na amvonu i papirić joj nije davao mira.

„Bolesnike i stradalnike"... „Znači, i mene, stradalnicu. Ah, gospode, što je podlac taj Anfimuška!"

Klanjala se do zemlje, a onaj papirić na čizmi – evo ga, samo igra pred očima.

Đakon je otišao, i od toga joj bi još gore: ne ide joj iz glave Anfimka prokleti. A ona ga je tako volela i pazila!

Tek za vreme „Hvalite" Čizmarica se malo zabavila, zaboravila na Baribu. Ona đakonova Olga, obrazovana – a ukočila se kô proštac. Eto ti obrazovanje, hoće sve po svome, ne kao drugi. Ne-e, treba đakonu natrljati nos...

Čuvar u rezervnoj vojničkoj uniformi gasio je u crkvi sveće. Đakon je izneo Čizmarici na tanjiriću hlepčić: Čizmarica je bila primerna parohijanka, bogobojažljiva, dobro je plaćala.

Čizmarica ga je uhvatila za ruku i dugo mu za Olgu govorila na uvo i vrtela glavom.

Urvanka je nalegao, izvukao rezu. Bariba je ioskočio iz podruma.

– Izvolite na čaj – rekao je Urvanka, osmehujući se.

„Nije valjda da joj nije rekao?" – pomislio je Bariba.

Naduvena, u svilenoj haljini koja joj nije nimalo pristajala, sedela je Čizmarica, lomila na komadiće đakonov hlepčić i gutala ga bučno kao pilule – ko još žvaće sveti hleb?

„Barem da kaže već" – čekao je Bariba, srce mu se stezalo.

– Hoćete li možda da donesu mleka sa čajem? – progovorila je Čizmarica nekako umilno.

„Namerno me muči – ili stvarno ne zna?"

– Ali de ćemo sad naći Poljku? Bezobrazna devojka. Trebalo bi da vi, Anfimuška, malo pripazite na nju.

Tako je, jednostavno, kao da ništa nije bilo Čizmarica govorila, gutala parčiće hleba, skupljala sa stola svete mrvice i sipala ih u usta.

„Ma kô bog da ne zna!" – pomislio je Bariba. Razvedrio se, počeo se osmehivati svojim četvorougaonim osmehom, smejao se pričajući kako je ta glupača, Poljka, supom zalivala narandžino drvo.

Blistavo-bakarno sunce se spuštalo: sutra će im Ilija prirediti oluju. Crvenele su se šoljice i tanjiri na stolu. Važno i ćutke sedela je Čizmarica i nije se nijednom osmehnula.

―――――――

Radosno se klanjao Bariba u spavaćoj sobi, pored Čizmarice, i zahvaljivao se nepoznatim svecima: prošlo je i ovaj put, nije ga izdao Urvanka.

Ugasilo se kandilo. Noć je sparna i teška na Ilin dan. U tami spavaće sobe – gladna, ogromna, zjapeća usta i brzo disanje životinje u klopci.

U Baribe je prestalo da kuca srce, pojavili su mu se pred očima zeleni krugovi, slepila se kosa od znoja.

– Ma šta ti je, jesi poludela? – pokušao je da se iskobelja ispod nje.

Ali Čizmarica ga je smotala kao pauk.

– Ne, dragi moj, ne – nećeš mi sad pobeći!

I mučila ga je nevidljivim i nerazumljivim u tami zlim nežnostima, i sama jecajući – svo je lice Baribino bilo mokro od njenih suza.

———————

Do jutra. Kroz kameni san slušao je Bariba zvono – zvalo je na Ilijinu službu. Kroz san je čuo nekakvo pevanje i premetao okamenjene misli, pokušavao da shvati.

A probudio se tek onda, kad su prestali da pevaju. Skočio je kao oparen. „Pa to su popovi u kući pojali!“

Obukao se, kapci su mu se lepili, glava kao tuđa.

Popovi su već otišli. Čizmarica je sama sedela u sobi, na divanu presvučenom kretonom. Opet je bila u onoj svilenoj haljini, i čipkastoj svečanoj kapici.

– Ilijinu službu ste prespavali, a, Anfime Jegoriču?

Možda zato što je to bilo istina – prespavao je i već je bilo podne, a možda zato što je u sobi mirisalo na tamjan – Baribi postade nekako neprijatno, strano.

– Sedite, Anfime Jegoriču, sedite da popričamo.

Zaćutala je. Onda je zatvorila oči i napravila nekakvo slatko lice – kao kolač. Nagnula je glavu ustranu i rekla slatkim glasom:

– Tako je to, teški su naši gresi. I ne mogu se molitvama iskupiti. A na onom svetu Gospod naš baćuška svega će se spomenuti, i u paklu ćemo za sve zlo naše platiti.

Bariba je ćutao. „Ma šta li sad hoće sa tim?“

29

Odjednom Čizmarica širom otvori oči i, prskajući pljuvačkom, stade da viče:

– Šta je, pokvarenjače jedan, šta ćutiš ko da su ti usta puna vode? Misliš da ja ne znam za tvoje provode sa Poljkom? Umeo si da pokvariš devojku, pokvarenjak jedan razvratni, i sad – ništa?

Bariba je zbunjeno ćutao i, mljackajući čeljustima, mislio:

„A baš juče su zaklali prase – sigurno će danas za ručak biti prasetine.“

Čizmarica je sasvim pobesnela od Baribina ćutanja. Sedeći, zatoptala je nogama:

– Napolje, napolje iz moje kuće! Gujo otrovnice! Ja ga prigrlila, odrpanca, a on – evo šta! To si ti mene sa Poljkom mislio, je li?

Ne shvatajući, nemajući snage da pokrene otežale misli, Bariba je ćutke sedeo kao da je srastao sa stolicom. Gledao je na Čizmaricu: „Vidi je samo: sve prska, sve prska...“

Trgnuo se tek kad je u sobu ušao Urvanka i rekao sa veselim osmehom:

– 'Ajde, bratac, diži se. Tornjaj se odavlen. Nemaš ti više šta tu da tražiš.

I otpozadi nabio Baribi na glavu kapu.

———————

Pred Ilijinu oluju peklo je sunce. Umorni, pospani, čekali su vrapci, drveće, kamenje.

Bariba se ošamućeno klatario po gradu, odmarao se na svim klupama u Dvorjanskoj ulici.

Vrteo je glavom i nikako nije mogao da izbaci iz nje dvorište Balkašinih, jasle, gladne pse kako se tuku oko koske...

Onda je lutao po nekakvim zadnjim ulicama, gazio po zelenoj travi. Pored njega su prolazila kola sa vodom, na jednima se točak razlabavio, šina je treskala. Bariba je osetio žeđ. Zamolio je vode, napio se. A sa severa, od manastira, već su se nadvijali oblaci, razdelili su nebo na dve polovine: plavu, veselu i crnu, strašnu. Crna polovina se nadimala, rasla. Ne znajući ni sam kako, Bariba se našao pod strehom Čurilovove krčme. Lila je kiša: pod strehom su se zbile neke žene, pokrivši glave suknjama; grmeo je Ilija. Eh, svejedno: udri, grmi, lij!

Nekako samo od sebe je izašlo da je Bariba noćio kod Timoše. A Timoša se nije nimalo začudio, baš kao da mu je Bariba svaki dan dolazio na noćenje.

10. Veče u ćeliji

Četiri sata leti je u ovim krajevima najgluvlje vreme.

Niko normalan neće ni nos pomoliti na ulicu – tolika je vrućina. Svi su kapci na prozorima spušteni, svi sa punim stomacima slatko spavaju posle ručka. Samo vetar igra popodnevne igre sa prašinom po pustim ulicama. Nekoj kapiji priđe poštar pa kuca, kuca. Ali badava mu – niko neće otvoriti.

Nemirno luta u to vreme izgubljeni Bariba. Sam ne zna kuda će. A noge ga nose – u manastir. I kuda bi drugde? Od Timoše – Jevseju u manastir, od Jevseja – Timoši.

Nazubljen zid obrastao mahovinom. Pored kapije okovane gvožđem kućica nalik psećoj. A iz kućice izlazi, kriveći se, sa čašom u ruci, Arsentije blaženi – od grčenja mišića boluje – vratar, skuplja darove, dosada teška.

– Uh, šta si me spopao!

Dâ mu Bariba nekoliko kopejki i ide po belim, užarenim pločama, pored grobnica uglednih građana

31

sa pozlaćenim rešetkama. Uglednici su voleli ovde da se sahranjuju – svakome je prijatno da leži u manastiru, da se za njega dan i noć božji ljudi mole.

Bariba je pokucao na Jevsejevu ćeliju. Niko ne odgovori. On otvori vrata.

Za stolom su, bez mantija, samo u belim čakširama i košuljama, sedela dvojica – Jevsej i Inokentij.

Jevsej je besno zašištao na Baribu: š-š-š! I opet se zagledao, ne trepćući, debeo, staklenih očiju, u svoju šolju sa čajem. A Inokentij, oklembešene usne, žena sa brkovima – zamro je nad svojom šoljom.

Bariba se zaustavio na pragu, gleda ih, gleda – šta im je, ko da su poblesaveli?!

U drugim vratima je stajao Savka-iskušenik: masna, slepljena kosa, crvene, račje ručerde.

Savka je sa poštovanjem promrmljao prema Baribi:

– U-uf! Evo, muva samo što se nije spustila u šolju oca Jevseja. Ma kako ne vidite?

Ništa ne shvatajući, Bariba je bečio oči.

– E-e, pogledajte bolje. To im je sad omiljena igra. Stave petak ili grivenik i čekaju. Pa kojem baćuški prvom upadne muva u šolju – taj je, znači, dobio.

Savka je voleo da popriča sa svetovnjakom. Govori, a sve vreme zaklanja iz pristojnosti usta svojom ogromnom crvenom šapom.

– Vid'te, vid'te, u oca Jevseja...

Jevsej, poplaveo, debeo, nagnuo se ka šolji, usta mu se kesila sve šire – i odjednom je grmnuo i lupio se rukom po nozi:

– Evo je! Evo je, lepotice! Moj je petak! – i prstom izvukao muvu iz šolje. – E, mali, samo što me nisi udesio. Uplašio si mi muvicu.

Prišao je Baribi, zagledao se u njega svojim staklenim očima, zabubnjao:

– A mi, mali, nismo ni sanjali da ćemo te opet videti. Čuli smo da si postao pravi ženskaroš. Mislili smo da će te baba izjahati do smrti. Ta Čizmarica je opasna!

Posadio Baribu za sto da pije čaj, a i sam je dovršavao šolju iz koje je izvadio svoju muvicu. Ali kakav je to susret bez vina? – i Jevsej stavi politru na sto.

Savka donese drugi samovar. Na stolu – bakrenjaci, psaltir, pogačice, čašice sa odbijenim nožicama.

Inokentij je nešto omlitaveo posle votke, kapci mu se lepili, glava, poduprta šakom, svaki čas je padala na sto. Odjednom je tužno zapevao „svete tihi". Jevsej i Savka prihvatiše. Savka je pevao bas, nakašljavao se ustranu i prikrivao crvenom šapom usta. Bariba je pomislio: „Eh, svejedno" – i takođe stao žalosno zavijati sa njima.

Odjednom je Jevsej prekinuo i proderao se:

– Stoj-oj! Stani, kad kažem!

Savka je i dalje zapevao. Jevsej skoči na njega, ščepa ga za gušu i pritisne na naslon stolice, polulud, divalj. Još će ga i zadaviti.

Inokentij je ustao, pogrbljen, staračkim koračićima prišao otpozadi Jevseju i zagolicao ga ispod miške.

Jevsej se zakikotao, zagrgoljio, zamahao rukama kao pijana vetrenjača, pustio Savku. Onda je seo na pod i otegnuo:

> Na-a brdu ludak sedi,
> Ubio čoeka pa gledi...

Ostali su usrdno, tiho napevali kao i pre – „svete tihi".

Smrkavalo se, slivalo se, ljuljalo se sve u pijanoj ćeliji. Inokentij je jadikovao i dosađivao svima – iz-

33

gledao je kao starica sa brkovima i sedom bradicom. Učinilo mu se da se zagrcnuo nečim, pa mu se zaglavilo u grlu i sad stoji tamo. Gurao prst u usta, ali ništa.

– 'Ajde probaj malo ti, Savuška, probaj malo prstićem. Možda ćeš ga naći.

Savuška je zavlačio prst i posle ga brisao o skut mantije.

– Nema ničeg, vaša svetosti. To je od pića.

Jevsej je prilegao na krevet i dugo ostao tako, ne mičući se i ne govoreći. Onda je odjednom skočio, zatresao svojom dugačkom kosom:

– Ja mislim, braćo – sad bi valjalo da skoknemo u Streljce. Da proslavimo susret. Šta kažeš, Bariba? Samo da nam je negdi naći para... Da pitamo ekonoma? A, Savka?

Nevidljiv kod vrata zamumlao je Savka. Bariba pomisli: „Pa što da ne, proći će me. Samo da zaboravim...“

– Ako mi vratiš sutra... Imam nešto para, poslednje – rekao je Jevseju.

Jevsej je radosno poskočio, vrteo je glavom kao veseli pas, bečio svoje staklene oči.

– Ma ja ću ti – evo, kunem se pred Bogom – odma' sutra ću ti vratiti; imam ja para, samo sam ih daleko sakrio.

Išli su učetvoro pored grobnica. Polumrtvi mesec migao je iza oblaka. Inokentij je zapeo mantijom za rešetku, uplašio se, stao da se krsti i brzo se vratio nazad. Trojica se popeše preko zida po namerno, za hodanje, izlomljenim crepovima.

11. Teglica od pomade

I opet je toplo-teško, dremovno poslepodne. Bele ploče na manastirskom puteljku. Lipova aleja, zujanje pčela.

Napred Jevsej, u crnoj kamilavci, sa zaglađenom kosom – danas je njegov red da drži večernju. A iza njega – Bariba. Korača i svaki čas razvuče svoj četvorougaoni, kao vrata, osmeh.

– Što si smešan u toj kamilavci – uopšte ti ne stoji. Na tebe bi seljački kaput i šubaru – to bi ti kudikamo bolje stajalo.

– E, moj mali, pa ja sam se u junkere spremao, ali sam se bio napio... Tako sam i stigao u manastir.

Eh, Jevseju! Kakav bi plavonosi i crvenoliki kozački jesaul od tebe bio! Ili barem opštinski pisar, pijanica, muzički mokri brat. Ali čudni su putevi gospodnji...

– A kako si, Jevseju, ono juče u Streljcima otpevao:

U monahe stupili,
Samovare kupili...

Jevsej se nasmešio, trgnuo načas ramenima. Ali ko će u ovoj ženskoj odeći... Juče je bilo ovako: košulju kanapom podvezao, seljački, pod same miške, čakšire od grubog platna, bele sa plavim linijama, riđa brada kao lopata, oči samo što ne ispadnu – pravi seoski lola i đavolski dobar igrač. Streljecke devojke su se do-bro zabavile sa njim!

Stigli su. Bariba je sačekao malo kod starih crkvenih vrata. Jevsej je izašao, pozvao ga prstom.

– 'Ajde, mali, možeš ući. Nema nikog. I čuvar je isto nekud o'šo.

Niska, stara, mudra crkva, nazvana imenom drevnog Ilije. Svašta je doživela: branila se od Tatara, služio je u njoj, kažu, u prolazu bojarin Fjodor Romanov, u monaštvu – Filaret. U prozore sa rešetkama gledaju stare lipe.

Gunđa, pravi buku, ne smiruje se ni ovde Jevsej, jesaul u kamilavci. Stari, mršavi, krupnooki sveci priljubljuju se uz zidove – dalje od bradatog, razmahalog, bučnog Jevseja.

Jevsej je kleknuo, zavukao ruku pod sto u oltaru.

– Evo je – rekao je i izvadio na svetlost prašnjavu teglicu od brokarovske pomade. Otvorio je, prebrojao, slineći prste, četvrtaste novčanice.

Bariba je uzbuđeno zaškripao svojom peglom. „Ah, vidi ti njega! Ima ih deset, ako ne i više. I kog će mu đavola toliki novac?"

Jevsej izvadi jednu novčanicu.

– A ostale – ili na pomen duše, ili ću jednom sve to pokupiti pa streljeckim devojkama na piće podeliti.

Bele ploče manastirskog puteljka. Zuje pčele u starim lipama. Vrućina izaziva vrtoglavicu u pijanoj glavi.

„I kog će mu đavola toliki novac?" – misli Bariba.

12. Stari monah

Na toploj od sunca kamenoj klupici pored Ilijine crkve sedi stari-prastari monah. Ocvala, pozelenela mu je mantija, seda brada je dobila zelenkastu boju, i ruke i lice kao da su mahovinom počele obrastati. Ležao je negde, kao zakopano blago, pod starim hrastom; iskopaše ga i posadiše tu da se greje na suncu.

– A kol'ko ti je godina, dedice? – pita ga Bariba.

– I-ih, dragi moj, ta zaboravio sam. A sećam se vašeg Tihona Zadonskog. Dobro je služio otac Tihon, baš kako treba.

Obigrava Bariba oko pozelenelog monaha, ulaguje mu se. Zna Bariba šta radi!

– Idemo, dedice, u crkvu; pomoći ću ti da je pometeš.

I idu pod mračnim prohladnim svodovima. Čuva i pazi monah svoju staru crkvu, sa svecima se došaptava. Upali sveću i stane, naslađuje se, greje se njome.

„Sad da dunem – ugasili bi se i sveća i matori" – misli Bariba.

I prati monaha u stopu: nešto mu doda, nešto pridrži. Zavoleo Baribu monah. Narod je danas bez poštovanja, svi su ga zaboravili, niko reč da prozbori sa njim. A momak, eto...

– Deda, a je l' ti nije strašno noću u crkvi?

– I-ih, šta ti je, Bog s tobom, kako da mi u crkvi bude strašno?

– A da ja noćim tu s tobom?

A monah strogo odgovara:

– Četrdeset godina sâm u njoj noćivam. I nema tu ko sem mene šta da traži. Ko zna šta može da bude noću u crkvi...

Čuvaj je, čuvaj, keru ljubomorni. Stvarno, svašta se može naći u crkvi...

„Dobro, sačekaću" – i prati ga i dalje u stopu Bariba.

Za ponoćnicu na Tihona Zadonskog umorio se stari monah. Naroda je bilo bezbroj. Posle su dugo čistili crkvu on i Bariba, jedva su završili.

Pogledao monah sva vrata, sve zarđale brave proverio i seo da se malo odmori. Seo – i utihnuo, iznemogao, zaspao. Bariba malo sačekao, pa se nakašljao. Onda prišao, povukao monaha za rukav. Ništa. Bariba – trkom do oltara, pa pod sto rukom. Tražio, tražio i – našao.

Čvrsto je spavao stari monah – kao da se na smrtni san polako navikavao. Spavao je i ništa nije čuo.

13. Aprosjina koliba

Završetak Dvorjanske ulice, poslednje trgovačke kućice i fenjeri. A dalje je Streljecko jezero, oko njega stare vrbe, klizavi splav obrastao mahovinom, žene, nagnuvši se, lupaju rubljem po daskama za pranje, pačići rone po jezeru.

Kod samog jezera, na periferiji grada stoji Aprosjina koliba. Prijatna, topla, suva. Uredan slamnati krov, prozori od spojenih starih polomljenih stakala. I šta više treba Aprosji sa malim? Deo bašte je izdala arendatoru, a za praznik joj i muž nešto novca pošalje – po tri ili pet rubalja. I pismo:

– „I još sa ljubavlju duboki naklon najdražoj supruzi Aprosinji Petrovnoj... I još poručujem da su nam opet dodali po tri rublje godišnje. Pa smo ja i Iljuša rešili i opet da ostanemo i dalje u vojski...“

U početku je Aprosja tugovala; jasno – mlada žena, a posle je i zaboravila na muža u vojsci. Podseti je na njega samo pismo sa markom i pečatom: to je njegova marka, njegov pečat. I ništa više. I tako je zalazila u godine Aprosja, ogrubela, okopavala baštu, krpila dečaka, išla sa ženama na pranje rublja.

U te je Aprosje Bariba i uzeo sobu. Odmah mu se dopalo: uredno, čisto. Dogovorili su se za četiri i po rublje mesečno.

Aprosja je bila zadovoljna: podstanar solidan, ozbiljan, vidi se da ima para. I nije nimalo namćor niti uobražen: neki put i popriča sa njom. Sad se Aprosja brinula o dvojici: o svom dečaku i o Baribi. Čitav dan je na nogama: ogrubela, čvrsta, stasita – prosto je lepo bilo pogledati na nju.

Tiho, svetlo, čisto. Bariba se odmarao od starog života. Spavao je bez snova, imao je para – i šta mu još treba? Jeo je bez žurbe, dugo i mnogo.

„Izgleda da je zadovoljan“ – mislila je Aprosja.

Nakupovao Bariba knjiga. Onako, prostih i jeftinih, a opet – jako zanimljivih: „Satara – lebedanski razbojnik“, „Zločinački monah i njegovo blago“, „Kočijaš Kraljice Španske“. Bariba je ležao i čitao, grickajući semenke. Nije ga vuklo iz kuće: pred poštarom Černobiljnikovom i blagajnikovim zetom bilo bi mu neprijatno – oni su sad već sigurno sve znali. A žene nije ni gledao, još mu je bilo muka od Čizmarice.

Šetao je po polju, tamo su kosci kosili. Večernji brokat na nebu, pokorno pada zlatna raž. Crvene, mokre od znoja košulje, zveckanje kosa. I evo su završili – pa do krčaga sa kvasom: piju, kapi im po brcima. A i pošteno su radili!

Mislio je Bariba – mogao bi i on tako. Svrbele su ga snažne ruke, skupljali se čvrsti mišići... „A blagajnikov zet? Da me taj nešto vidi!...“

– E, baš sam se i setio – u mužike da idem! Još ću i kožu da vozim za Čizmaricu. To mi baš treba... – ljutito je gunđao na samog sebe Bariba.

Hoćeš-nećeš, ali treba već nešto smisliti: ovako, besposlen, neće moći dugo da živi za Jevsejeve pare; nije ni to bogzna kakav novac.

Promozgao Bariba i nažvrljao molbu za blagajnu: možda ga prime kao pisara, kao pomoćnika blagajnikovom zetu. A onda – kapu sa kokardom na glavu i samo pljuckaj odozgo.

Sparina je pri kraju dana bila strašna. Bariba je ipak obukao svoj prsluk od baršuna (ostatak bogatog života kod Čizmarice), papirnu kragnu, pantalone „za grad“, i pošao u Dvorjansku – gde će, ako ne tamo, naći blagajnikovog zeta.

Ovaj je, naravno, bio tamo: dugonog, mršav, prava vešalica, gleda kiselo na sve i maše štapom. Izgleda kao da neprestano pita: „Koji si ti? A ja sam, vidiš, činovnik – imam i kapu sa kokardom...“

Kiselo se osmehnuo i Baribi:

– A-a, to ste vi! Molba? Mh-hm.

Živnuo je, potegao nagore pantalone, popravio kragnu. Osetio se kao blagonaklona vlast.

– Pa dobro, predaću je, sigurno. Učiniću sve što mogu. Pa sigurno, staro poznanstvo.

Bariba se vraćao kući i mislio:

„Uh, što bih te raspalio po toj kiseloj njušci. A opet, nema se šta reći – drži se kô pravi gospodin. A kragna? Od pravog platna, i vidi se da je menja svaki dan."

14. Iscurelo vino veselo

Ekonom Mitrofan je ispitao, pronjuškao, džukela jedna, sve o Jevsejevom pohodu u Streljce. Naravno, možda je to i sam Jevsej otkrio, hvališući se. Bilo kako bilo, ekonom je znao sve do detalja: i kako je Jevsej plesao samo u košulji, podvezanoj pod miškom, i za pesmu „U monahe stupili", i za divlje vožnje kočijama po Streljcima. Ekonom, naravno, sve to – igumanu, a iguman pozvao Jevseja i tako ga isprašio, da je ovaj izleteo od njega kao zapušač od flaše.

Odredili Jevseja na poslušanje kod pekara. Na službe nije išao. U podrumu pekare – vrućina kao u paklu. Glavni đavo – Silantij, dlakav i crven, dere se na mešače testa i baca lopatom u peć vekne od po pud težine. Mešači, samo u belim košuljama, podvezavši kose kanapima, okreću testo, stenju, sedam ih znojeva probija.

Ali zato je i spavao Jevsej kao što odavno nije. I one staklene oči kao da je izgubio. Na rakiju nije imao kad ni da misli.

I sve bi to lepo bilo, da mu se nije skoro završilo poslušanje. A onda opet sve po starom. Počeo Jevsej i da drži službe, da mrmlja molitve. I opet mu se Savka-iskušenik vrti pred nosem sa onim crvenim šapama, i mumla Inokentij, žena sa brcima.

40

Savka mu ispričao za Inokentija:

– Onomad oni, otac Inokentij, otišli u kupatilo. A tamo bio neki novi đakon, od deportovanih, a veseljak. Pa kad je video oca Inokentija onako, u prirodi, stao da viče: „Ej, ljudi, pa ovo je žensko! Eno – sise joj se obesile: mora biti da je puno rađala".

Inokentij je čvršće zatezao mantiju.

– Bestidnik je taj tvoj đakon. Zato mu se tako nešto i pričinilo.

Baš taj đakon je i upropastio Jevseja. Došao je spolja, sa slobode, i jasno, bilo mu je dosadno pa se i motao po ćelijama. Natrapao jednom i na Jevsejevu, a tamo, Jevsej i Inokentij opet su sedeli nad šoljama čaja, opet su se kladili na muve – kome će pre muva da uleti. Đakon, kad je to video – da umre od smeha, pao na Jevsejev ležaj pa sve nožicama trza (noge mu male, kratke, a oči – kao divlje višnje).

Đakon je bio dobro raspoložen, i stade da im pripoveda. Sve svoje seminarske anegdote je ispričao, bio je pravi majstor za priču. U početku onako, skromno – a posle! I za onog popa, što je ispovedače slao da dovrše grehe; određivao je epitimije po petnaest klanjanja u dvaput, pa ako greh nije bio dokraja izveden nikako nije mogao tačno da im odredi broj klanjanja, sve mu nešto ispadalo u razlomcima. I za onu monahinju, koju su uhvatile u šumi skitnice, i to njih petorica, pa je posle pričala: „Baš je bilo dobro – i dovoljno ih je bilo, a i ja nisam ništa zgrešila".

Jednom rečju, sve ih je poobarao. Jevsej je izgubio glas od smejanja, lupao je šakom po stolu.

– Eh, đakone! Dobro si nas zabavio. Moramo te počastiti. 'Oćete malo da sačekate? Odma' ću ja.

– A kud te sad đavo nosi? – upitao je đakon.

– Ma idem po pare. Sakrio sam ih tu, blizu. Dok trepneš, eto mene nazad.

I stvarno – đakon nije stigao ni novu priču da ispriča do kraja, a Jevsej se već vratio. Ušao i naslonio se na dovratak.

– 'Ajde, bogatašu, daj da ih vidimo – veselo je povikao đakon i prišao Jevseju. Prišao – i stao: Jevsej nije ličio na samog sebe. Smožden, oklembešen, kao da se izduvao, kao da su probili u njemu rupu, i iscurelo sve vino veselo, ostala samo prazna mešina.

– Šta ti je? Šta je bilo?

– Ukrali – rekao je Jevsej tuđim, tihim glasom i bacio na sto dve poslednje novčanice – lopov ostavio da se naruga...

Iskreno govoreći, nije Jevsej ni ranije bio velike pameti, ali sad kao da je skroz izgubio razum. Propio je poslednje pare, vukao se pijan po gradu i prosio sitniš za piće. Policajac ga sproveo zbog galame na ulici – a Jevsej mu razbio nos i pobegao nazad u manastir.

Ujutro mu došli prijatelji: Savka-iskušenik, otac Inokentij i mali đakon. Stali ga savetovati da se opameti, da će ga iguman izbaciti iz manastira, a kud će onda?

Jevsej je ležao na leđima i ćutao. A onda je odjednom zacmizdrio, sve su mu suze tekle po bradi.

– Ma kako to, braćo? Ne plačem zbog para, nije meni para žao. Nego, ranije sam ja – kad god poželim mog'o otići iz manastira. A sad – hteo ne hteo... Bio sam slobodan čovek, a sad...

– Pa ko te je to tako unesrećio? – nagnuo se đakon ka Jevseju.

– ... Pre nisam znao, a sad znam. Nije to naš, to je jedan svetovnjak. Izgledo je dobar dečko, a evo... On je, nema ko drugi! Osim njega niko nije ni znao de ja držim pare.

Savka je zarzao: kô veli – znam i ja sad na koga misliš.

Uveče, uz sveću, za praznim stolom – nije im se ni samovar pristavljao – savetovali su se, dogovarali šta da rade.

Ništa nisu smislili.

15. Kod Ivanihe

Sutradan posle službe zašao Inokentij i doneo prosforu. Zašaptao:

– Setio sam se, oče Jevseju. Znam šta ćemo. Idemo odmah kod Ivanihe. U-u, ona je dobra, kad baci čini na lopova, taj odma' sam prizna.

Jutro je rosno, ružičasto, biće topao dan. Vrapci se vesele.

– Što me dižeš ujutru – gunđao je Jevsej.

Inokentij je koračao sitnim ženskim koracima, pridržavajući mantiju na stomaku.

– Mora se, oče Jevseju. Pa znaš da čini imaju moć samo natašte.

– Pričaš gluposti, oče Inokentij. Samo ćemo badava ići, a i sramota je – ipak smo mi duhovni ljudi.

Ivaniha je visoka starica, mršava, koščata, debelih obrva kao u sove. Nije se baš obradovala poseti monaha.

– A šta vam treba? Šta ste se dovukli? Da nećete tu da mi se molite? Ne trebaju meni vaše molitve.

I okrenula se peći, počela da lupa šerpama.

– Ma nije, došli smo zbog... Oca Jevseja su pokrali, a čuli smo da ti umeš da bacaš čini na lopove...

Otac Inokentij se plašio Ivanihe. Hteo bi da se prekrsti, a ne sme od nje – ona sa nečistim silama radi, sveti krst bi je uplašio, i onda ništa od posla. Kao žena bundu, pritezao je Inokentij na grudima svoju mantiju.

Ivaniha ga odmeri odozgo, ošine ga svojim sovljim očima:

– A šta ćeš ti tu onda? Ako su njega pokrali – onda to nas dvoje moramo i da rešimo.

– Ma ja, majčice, ništa – odma' ću ja...

Pokupio skutove mantije, pognuo se, zabrzao sitnim ženskim koracima.

– Kako je ime? – upitala je Ivaniha.

– Jevsej.

– Znam da si ti Jevsej. Nego onaj, što misliš da te je pokrao – kako se on zove?

– Anfimka, Anfim.

– Kako bi hteo da bacim čini na njega? Hoćeš na vetar? Dobro je i na pregaču, kada se prostre na brezove grane. Ili, možda – na vodu? Posle možeš da ga namamiš i napojiš čajem skuvanim na toj vodi.

– E, to, čajem najbolje. Baš si lukava, majčice.

Obradovao se Jevsej, razbrbljao se, poverovao – stara Ivaniha je toliko ozbiljno i strogo izgledala.

Ivaniha je zgrabila drvenom izdubljenom vedricom vode, otvorila vrata od predsoblja, postavila Jevseja iza praga, sama na prag stala. Gurnula je vedricu Jevseju u ruke.

– Drži i slušaj. I pazi, nikome ni reči, ili će se sve ovo na tebe obrnuti.

Počela je lagano, uverljivo da govori, zureći očima sove u vodu.

– Na moru, na Kijanu, na ostrvu Bujanu gvozdeni sanduk stoji. A u tom sanduku čelični nož leži. Idi, nožu, do Anfimke-lopova, bodi ga u samo srce, da on, lopov, vrati ukradeno raba božija Jevseja, da ništa ne utaji. A ako utaji, da on, lopov, bude proboden mojom rečju kao čeličnim nožem, da on, lopov, bude proklet u paklu, u gorama Araratskim, u vreloj smoli, u vrućem pepelu, u kalu močvarnom, u domu bezdomnom, u bokalu kupalnom. Ako utaji, da on, lopov, kocem od jasike bude priboden za tavanicu, da se isuši više od sena, da se ohladi više od leda, i da ne umre svojom srmću.

– Sad je dobro – rekla je Ivaniha. – Napoj ga ovom vodom, napoj ga.

Jevsej je pažljivo presuo vodu u flašu, dao Ivanihi rublju i otišao, zadovoljan.

„Sad ću te, lepi moj, napojiti. Sad ću ti razvezati jezik."

16. Neće ga vradžbine

Spopala noću iz čista mira Baribu groznica. Treslo ga, grčilo, sni strašni ga opleli.

Ujutro sedi za stolom u deboj magli, tešku glavu rukama podupro.

Neko je pokucao na vrata.

– Aprosja?

A glavu ne može da pokrene, toliko je teška. U vratima se neko nakašljao basom.

– Savka, ti si?

On je: slepljena masna kosa, crvene račje ručerde.

– Otac Jevsej rekli da obavezno dođete. Jako su vas se uželeli.

Onda je prišao bliže, zarzao:

– 'Oće da vas napoje bajanim čajem. Ali vi nemojte da pijete ni slučajno.

– Kakvim bajanim čajem?

– Zna se kakvim – protiv lopova.

– Ha! – shvatio je Bariba, i bi mu strašno smešno. Baš je budala taj Jevsej! Vrtelo mu se, lupalo u glavi, veselo se kreveljio.

Jevsejeva ćelija – puna duvanskog dima, veseli đakon nadimio.

– A, stigli nam dragi gosti!

I, vrteći zadnjicom, đakon se naklonio Baribi.

Votke nije bilo na stolu: namerno su odlučili da ne piju, da im glave budu jasnije dok obrađuju Baribu.

– Šta si smršao tako? Da te nije ko omađijao? – podsmehnuo se Bariba Jevseju.

– Eto, smršao sam. Nisi ništa čuo?

– Zdipili ti pare? Sigurno, čuo sam.

Veseo, otrovan, poskočio je đakon:

– A odaklen vi znate za to, Anfime Baribiču?

– Savka mi je rekao, pa znam.

– Budala si ti, Savka – utučeno je rekao Jevsej.

Sedoše za čaj. Jedna šolja, dopola nalivena, stajala je na poslužavniku posebno, sa strane. Inokentij brzo dopuni šolju vrelom vodom i dâ Baribi.

Svi su zinuli i čekali: evo, sad će...

Bariba je promešao i lagano otpio. Ostali su ćutali i gledali. Baribi postade neobično, neizdrživo, prasnuo je u smeh – zatutnjao po kamenju. Za njim zarže Savka i tanko se nasmeja đakon.

– Šta ti je? – pogledao ga Jevsej, oči su mu bile riblje, kuvane.

Smejao se Bariba, jurio nizbrdo nezaustavljivo, zelena magla mu se stvarala i lupalo mu je u glavi. Izazovno je rekao:

– Ja sam taj. Ja sam ti ukrao pare.

Bariba je pio čaj, sve ćuteći i osmehujući se četvorougaono, zverinje.

Jevsej nije mogao da sedi na miru.

– Pa 'ajde, Bariba, pričaj. Da čujemo.

– Šta da pričam?

– Znaš ti šta.

– Ti sve isto? Za pare, a? Pa lepo sam ti rekao: Savka mi je ispričao. To je sve što znam.

Bariba je posebno naglašavao reči, kao da kaže – lažem te, a ne možeš mi ništa.

Đakon je priskočio Baribi, potapšao ga po ramenu:

– E, bratac moj, ne pomažu kod tebe vradžbine. Čvrst si ti.

Jevsej je zamahao glavom.

– Eh, nek' ide sve do đavola. Savka, donesi vina. Pili su. Vrtelo se, lupalo u glavi. Zeleneo se duvanski dim. Đakon je plesao mornarsku igru.

Uveče se Bariba vraćao kući. I kod same Aprosjine kapije odjednom osetio: kolena mu se savijaju, u očima se zamagljuje. Naslonio se na kapiju, uplašio se: nikad mu još tako nije bilo.

Aprosja otvorila vrata, pogledala na podstanara:

– Pa na tebi nema lica! Jesi bolestan, a?

Kao u snu, našao se Bariba u krevetu. Lampa. Aprosja kod uzglavlja. Na čelu mu krpa namočena u sirće.

– Jadniče moj – rekla je Aprosja, prijatnim i tužnim glasom, pomalo kroz nos.

Otrčala Aprosja do suseda, nabavila za Baribu lekovitog praška. Noću se Baribi u glavi maglilo i opet bistrilo, i tada bi video Aprosju kako drema na stolici kod uzglavlja.

Trećeg dana ujutro je popustilo. Bariba je ležao pod belim čaršavom, sa sivim, jesenjim tragovima po licu. Istovremeno, postade nekako svetliji, čovečniji. „Stvarno, ja sam za nju tuđin, a ipak je sedela cele noći, nije spavala..."

– Hvala ti, Aprosja.

– Ih, šta ti je, jadniče moj. Moram, kad si bolestan.

I nagnula se ka njemu. Bila je samo u šarenoj suknji i lanenoj košulji i sasvim blizu pred Baribinim očima promakoše dve oštre tamne tačke na grudima pod tankim platnom.

47

Bariba je zatvorio – i opet otvorio oči. U prozore gleda topli letnji dan. Dole svetluca Streljecko jezero, kupaju se, bele se tela...

U glavi mu zalupa još žešće. Nemirno je pomakao svoje teške čeljusti Bariba i privukao Aprosju.

– Ma vidi ti njega! – začudila se ona. – A da ti ne naškodi? Sačekaj, treba da ti promenim oblog.

Mirno je promenila oblog i brižno, domaćinski legla na krevet pored Baribe.

Tako se i uobičajilo. Ceo dan radi po kući i oko kuće Aprosja, streljecka soldatuša. Svoje dete, a tu je još i Bariba, i za njega se valja brinuti. Ozdravio je on – može se reći – brzo, ali ipak njoj od toga nije bilo lakše.

Uveče se vrati odnekud Anfim Jegorič, zaviri kod Aprosje:

– Dođi uveče.

– Da dođem? Dobro. Evo, sad si me pomeo. Nešto sam htela da uradim, a šta – zaboravila sam. Ah, da: treba da pokupim jaja ispod kokošaka – opet će ih prokleti tvor popiti.

Jurila je u kokošinjac. Onda – grejala samovar. Bariba je sam u svojoj sobi pio čaj prelistavajući nešto. „I sve čita, sve čita, još malo pa će i oči pokvariti." Stavljala je malog u krevet. Sedala na klupicu i zujala vretenom: izvlačila sive vunene niti za zimske čarape. Odozgo, sa tavanice, padale su ogromne crne bube. „E, vreme je već, kasno je." Tupim krajem vretena češkala se po glavi, zevala, krstila usta. Brižljivo, pljujući na četku, čistila je Anfim-Jegoričeve čizme, svlačila se, pažljivo slagala odeću u uglu na klupici i nosila čizme Baribi.

Bariba je čekao. Aprosja je ostavljala čizme pored kreveta i legala.

Odlazila je posle pola sata. Zevala je. Klanjala bi se deset puta, molila očenaš i čvrsto bi zaspala: umorila se preko dana, pune ruke posla.

17. Semjon Semjonič Treptalo

Jednom Bariba reče Timoši:

– Kakav si ti uopšte krojač? Pa ti ništa i ne šiješ kod kuće.

A nije šio kod kuće s dobrim razlogom. Timoša je bio takav: jedno vreme – sve u redu, a onda se propije. A kad se propije – odoše mušterijine pantalone na votku. Znalo se za to, pa mu nisu ni davali da nosi kući materijal. I tako je Timoša išao da šije po kućama. Mnogim trgovcima je šio, pa i gospodi – dobro je šio, bitanga jedna. Između ostalih, bio je, takoreći, svoj čovek i kod advokata Semjona Semjoniča Treptala. Tako ga je ovaj i zvao:

– Moj dvorski krojač.

Retko su na Timoši bile čizme – više su bile u zalagaonici. Tako da je Timoša išao do Treptala u starim gumenim kaljačama, a pod miškom mu u papir zamotane bele papuče od grubog platna. U predsoblju obavezno kaljače izuje, papuče nazuje i – može da uđe. A onda počinju neobični njegovi razgovori sa Treptalom: o Bogu, o svecima, o tome da je sve na svetu – privid, i o tome kako treba živeti. Treptala je Timoša smatrao za pametnog čoveka, a takav je ovaj i bio – Treptalo Semjon Semjonič.

Treptalo mu, naravno, nije bilo pravo ime, nego nadimak – začikivali su ga tako u šali. Uostalom, dosta ga je bilo videti – pravo Treptalo.

Lice je u Semjona Semjoniča bilo mršavo, tamno, nekako kao sa ikone. A oči – ogromne, crne. I ne da su bile takve od čuđenja ili drskosti – već prosto velike. Od celog se lica samo oči vide. I treptao je njima stalno: trep, trep – kao da se stideo svojih očiju.

I ne samo oči. Čitav on kao da je stalno treptao. Ide ulicom pa počne na levu nogu da ćopa – kô da čitav, svim svojim bićem, trepće.

A trgovci su ga voleli zbog lukavosti:

– Semjon Semjonič? Treptalo? U-u, taj je majstor. Taj će ti sve srediti. Bez sapuna će i ući i izaći. A vidi ga, vidi ga samo kako trepće!

Tako se i uobičajilo, da je trgovcima vodio sve njihove sumnjive poslove – one sa menicama, ili, još bolje, kod nenaplativosti. I uvek na sudu nadmudri tužioce i izvuče se. Zato su mu i plaćali debele pare.

I tako je Timoša odveo Baribu Treptalu. A već je i vreme bilo.

Ta je jesen bila nekako čudnovata – sneg je stalno padao i topio se. A sa snegom su se topile i Baribine – Jevsejeve pare. Iz blagajne je stigao odgovor: odbili su ga, prokleti, đavo bi ih znao zašto. I sad, morao se naći nekakav posao. Svakom treba da jede.

Semjon Semjonič je odveo Timošu ustranu i upitao ga za Baribu:

– Ko ti je ovaj?

– A tako, otprilike – pomoćnik. Ja šijem i pričam – a on sluša. Ne može čovek da razgovara sam, bez pomoćnika.

Semjon Semjonič se nasmejao.

„Znači, raspoložen je; biće sve u redu" – pomislio je Timoša.

50

– A čime ste se vi ranije bavili? – pita Treptalo Baribu.

Bariba se zbunio.

– Tešio je jednu poštenu udovicu – pomože mu Timoša, ubadajući iglu u materijal.

Treptalo se opet nasmeja: lepo zanimanje, nema šta.

A Timoša je mirno nastavljao:

– Nije to ništa posebno. Čista trgovina. Takvo je vreme, da je kod nas sve – čista trgovina, od trgovine svi i živimo. Trgovac prodaje haringe, devojka prodaje stomak. Ko šta ima to i prodaje. A uostalom, što bi stomak bio gori od haringe, ili haringe – od savesti? Sve je to roba.

Treptalo se sasvim razveselio, treptao je, smejao se, tapšao Timošu po ramenu. Onda se odjednom uozbiljio, postao kao ikona, strog, očima samo što ne proguta Baribu.

– Znači, vi biste nešto da radite? – upitao je. – Pa dobro, biće. Evo, baš su mi potrebni svedoci. A vi imate ozbiljno lice, odgovaraćete mi za taj posao.

18. Svedok

Tako je Bariba počeo da radi kao svedok za Treptala. Nije mu bio težak posao. Uveče Treptalo poduči Baribu: pazi ovo da ne zaboraviš, Vasilij Kurjakov, trgovčev sin, onaj debeli – on je samo ruku podigao prvi. A prvi je udario gazda, onaj riđi, da-da, baš taj. A ti mi se, kao, našao pored baštenske ograde i sve si video.

A sutradan je Bariba stajao ispred mirovnog sudije, doteran, dostojanstven – samo se smeškao ponekad: kako je čudno sve to. Staloženo je govorio ono što ga je naučio Treptalo. Trgovčev sin Vasilij Kurjakov je likovao, gazda je išao u zatvor, a Bariba je dobijao svoj novac.

Semjon Semjonič je bio zadovoljan, hvalio je Baribu:

– Dobar si ti, druškane, ozbiljan, a i čvrst, ne daš se pomesti. Brzo ću te ja i na krivičnim zaposliti.

I počeo je voditi Baribu sa sobom u susedni grad, gde je bio sud. Sašio mu je redengot kakve su nosili trgovci i u tom redengotu je Bariba satima tumarao kroz hodnike suda, zevajući i čekajući svoj red. Staloženo i mirno je svedočio – i nikad se nije zbunjivao. Bilo je da su ga tužilac ili drugi advokat pokušavali izbaciti sa koloseka, ali ne ide – Bariba se upre kô magarac i ne da se.

Dobro je zaradio Bariba na jednoj oporuci. Umro je trgovac Igumnov. Bio je ugledan čovek, porodičan – žena, ćerkica. Držao je prodavnicu ribe i svi u gradu su ga znali, pošto se kod nas strogo pazi na post. Ruke su mu bile skroz prekrivene bradavicama. Pričalo se da je to, kao, od ribe: ponabadao se na riblju krljušt.

Živeo je Igumnov, hvala bogu, kao sav svet. A onda ga, pod starost, spopade neki đavo: zaludela ga ćerkina učiteljica, odnosno guvernanta. Ženu i ćerku oterao iz kuće. Konji, vino, gosti, raskalašan život.

I tek pred smrt starac se trgnuo. Pozvao je ženu i ćerku, molio ih za oproštaj i napisao testament na njih. A kod one madam, kod guvernante, bio je prvi testament u kojem je sve na nju bilo prepisano. I tako su stigli na sud. Madam, naravno, odmah otišla kod Semjona Semjoniča Treptala:

– Dragi moj Semjone Semjoniču. Obavezno treba dokazati da on nije pisao drugu oporuku pri čistoj svesti. Nađite svedoke. Za pare ne brinite.

Semjon Semjonič i Bariba se zamisliše. I seti se Bariba da je jednom video Igumnova, pokojnika, kako je zimi istrčao iz kupatila i valjao se po snegu.

Kod nas je to – najobičnija stvar, ali su je na sudu tako predstavili, kao da je Igumnov sumanuto jurio go po ulici. Još su i sveodke našli – stvarno, mnogi su ga videli.

I dok je to Bariba izlagao na sudu, tako je uverljivo i odmereno govorio – kao da kameni temelj postavlja – da je i sam i sve poverovao. Nije ni trepnuo kad god je Igumnova udovica, nalik monahinji pod crnom maramom, pogledala pravo u oči. Zato ga je madam posle suđenja koketno odmerila i rekla:

– Vi ste moj dobročinitelj.

Pružila mu je ruku na poljubac i dodala: „Svratite ponekad". Bariba je bio veoma zadovoljan.

19. Vremena

– Ne-e, to do nas neće stići – govorio je Timoša mračno. – Ma kakvi! Mi živimo kao u gradu na dnu jezera: ništa se kod nas ne čuje, iznad glava nam je mutna voda. A gore se sve talasa, sve u zvona udara.

Pa neka ih, nek' udaraju. Kod nas se o tome kaže ovako:

– To nek' oni tamo u Vavilonu silaze s uma, a mi ćemo ovde mirno i tiho da živimo.

I stvarno: kad pogledaš novine – kao da su svi poludeli. Ranije su cara štovali, Boga se bojali, pa su i živeli stolećima. A ovi danas – kô besni psi kad se otkinu s lanca, bože me prosti. I kako su se to samo od poniznih i ljigavih toliki ratnici izrodili?

Ali kod nas ljudi nemaju vremena da se bave tim glupostima: decu prvo valja nahraniti, jer kod nas je u svakoj kući gomila dece. Od dosade, šta li, đavo će ga znati zašto, tek mnogo je plodan narod kod nas. A i kućevan, bogomoljan, ozbiljan. Kapije nam gvozdene, po dvorištima kerovi trče. Pre nego što se tuđeg u dvorište pusti, triput ga kroz kapiju pitaju koji je i šta mu treba. Na svim prozorima fikusi i geranijumi. Tako je najsigurnije: niko sa ulice ne može da zaviri u kuću. Ljudi kod nas vole toplo: lože peći, zimi idu u vatiranim prslucima i suknjama, u postavljenim pantalonama – nema takvih po drugim mestima. I tako žive, ni dobro ni loše, gnjiju kao đubre na toplom. A možda je tako i najbolje: eno, kako su im deca od takvog života zdrava i bucmasta.

Treptalu došli Timoša i Bariba. Treptalo sedi i čita novine.

– Jeste li čuli da su nam ministra ucmekali?

Timoša se osmehnuo – upalio veselo kandilo na licu:

– Čuli smo, kako da nismo. Evo, idem kroz pijacu i čujem kako jedan kaže: „Šteta čoveka. Pa taj je dvadeset hiljada godišnje zarađivao; šteta čoveka".

Treptalo se sav zatresao od smeha:

– Baš tako! Takvi su naši: dvadeset hiljada... šteta čoveka... Eh, umreću od smeha...

Poćutaše, šuškajući novinama.

– A onu našu Anjutku Protopopovnu u Piteru[*] pokupili, naučili je pameti – setio se Bariba.

Treptalo odmah prihvatio i počeo podbadati – znao je šta Timoša misli o ženama: sa njima se ozbiljno upuštati, isto je što i marmeladu sa čorbom mešati.

– Žensku u goste da primiš – to još može nekako. Ali uzeti je u kuću – to ni slučajno! – Timoša maše svojim tankim prstom. – Ako je uzmeš u kuću – gotov si. Žensko pušta korenje kao korov. I posle je se ne možeš osloboditi nikako. Na kraju i sam zarasteš u korov.

– Korov! – smeje se, grmi Bariba.

---

[*] Peterburg, Petrograd – *prim. prev.*

A Treptalo čak lupa šakom po stolu, viče neprirodnim glasom:

– Tako je, Timoša, tako! De-de, pričaj još, care judejski!

„I šta se prenemaže, šta galami?" – misli Bariba.

I stvarno, voleo je Semjon Semjonič da se prenemaže. Tako je nekakav čovek bio, licemeran, pritvorica, sve nešto namiguje, krevelji se, krije nešto. A pogled – čas obešenjački, čas umetnički.

– Piva daj, piva, piva! – derao se Semjon Semjonič.

Donosila je pivo jasnooka Dašutka, sveža kao travka posle kiše.

– Nova? – pita Timoša ne gledajući na Treptala.

Treptalo ih je menjao skoro svakog meseca. Bele, crne, mršave, debele. I sa svima je bio jednako dobar:

– Šta ću, sve su one iste. A pravu svejedno ne možeš naći.

Za pivom je Timoša opet počeo na svoju omiljenu temu, o Bogu, počeo je zadevati Treptala domišljatim svojim pitanjima: ako Bog sve može a opet neće da nam promeni život – gde je tu onda ljubav? I kako će to pravednici u raju srećno živeti? I šta će Bog učiniti sa ubicama ovog ministra?

A Treptalo ne voli o Bogu. I ciničan, i bezočan – ali ovde sav potamni, kao đavo od tamjana:

– Ne govori mi o Bogu, ne govori o Bogu!

Glas mu tih, a opet – preteći.

Timoša se zadovoljno smeje.

20. Vesela večernja

Na Veliki post svi su mračni i nervozni – od loše hrane: šaran i kvas, kvas i krompir. A na Uskrs svi se odjednom odobrovolje, od mrsnih jela, od rakije i likera, od crkvenih zvona. Odobrovolje se, pa prosjaku umesto kopejke – dve daju, kuvarici u kuhinju pošalju komadić svog uskršnjeg kolača, Mišutka prospe liker na čist stolnjak – pa ga ipak ne išibaju, zbog praznika.

Jasna stvar, i Černobiljnikova su čašćavali više, dok je raznosio po kućama uskršnje čestitke i čestitao domaćinima praznik. Negde četvrt rublje, a negde, bogme, i pola. Nakupio se Černobiljnikov para i poveo u Čurilovljevu krčmu prijatelje – Timošu, Baribu i blagajnikovog zeta.

Pobledeo je u proleće Timoša, ide sav očerupan, kao jesenji vrabac, vetar naleti pa ga zaljulja – a on se ipak kočoperi, pravi se da mu nije ništa.

– Bogami, valjalo bi malo da se polečiš, Timoša – kaže mu Černobilnjikov sažaljivo. – Pogledaj se, kakav si.

– A što da se lečim kad ću ionako da umrem? Meni je to čak interesantno. Celog života sam se tu kiselio, nigde nisam bio, a sad – putovanje u nepoznate krajeve, i to sa besplatnom kartom. To je za mene laskavo.

Umeo je Timoša da se podsmehne samom sebi.

– Ne bi trebalo da piješ toliko, škodiće ti.

Badava saveti. Pije on kao i pre, meša pivo i votku. A sve se iskašljava u crvenu cicanu maramicu – u stvari, pravu veliku maramu.

– To je – kaže – da ne pljujem po podu na ovom finom mestu.

Zazvonilo je na večernju. Stari Čurilov premestio srebrninu iz desne u levu ruku i prekrstio se, ozbiljno, dostojanstveno.

– Ej, Mićka, dođi da platimo! – viknuo je Černobiljnikov.

Izađoše sva četvorica. Prolećno sunce sija veselo, zvona pevaju, pa im je nekako i žao da se razilaze, društvo da rasturaju.

– Eh, što volim uskršnju večernju – zažmurio je Timoša. – Prava igranka, a ne večernja. Da odemo zajedno, a?

Bariba ih pozva u manastir; bili su tu, blizu:

– Posle večernje mogli bi otići kod jednog mog poznanika – to vam je pravi čudak.

Blagajnikov zet izvadio časovnik:

– Ne mogu nikako, obećao sam da ću doći na ručak, a kod blagajnika ne sme da se zakasni.

– Uh-uh, ne sme da se zakasni! – Timoša se nasmejao, zakašljao se, pošao rukom u džep, a maramice nema. – Stoj, momci, ostavio sam maramicu gore. Odmah ću ja.

Zamahao rukama, prhnuo gore – pravi vrabac.

Zvone vesela zvona, ide svečano obučeni narod na veselu uskršnju večernju.

– Stani malo, gore nešto viču... Šta je sad? – Bariba naćulio svoje kao u šišmiša velike uši.

Blagajnikov zet se gadljivo namrštio:

– Sigurno opet neka tuča. Ne umeju da se ponašaju na javnom mestu.

Dz-zing! – prsnulo je gore staklo, krhotine zazveketaše po zemlji. I odmah se utišalo.

– Oho! – osluškivao je Černobiljnikov. – To je nešto ozbiljno...

I odjednom se kao čigra iskotrljao crveni, raščupani, zadihani Timoša.

– Tamo gore... naredili... I svi... ruke uvis i stoje... Tras! tras! – zapraštalo je gore.

Blagajnikov zet je isteglio dugački vrat i ostao tako sekund, gledajući gore jednim okom, kao ćurka na kopca. Onda je uzviknuo tanko i žalosno: pu-ca-ju! I zaždio odatle.

A na stepeništu zagrmeše čizmama, zagalamiše, stuštiše se svi odozgo.

– I-i-i! Drži ga!...

I opet: tras! tras!

Na trenutak: u vratima, ispred ostalih, crveno bezoko lice.

„Sigurno je od straha zatvorio oči" – sevnula je misao.

A onaj, bezoki, već je nestao u uličici. A odozgo su se sjurili za njim svi kao pijani – divlji, raspojasani, kao lovački psi.

– Drži ga! Ne daj! Eno ga tamo!

I zgrabiše nekoga dole, u prilazu, baciše se na njega, pritsnuše ga, stadoše ga tući, sve jednako vičući „drži ga" – prosto je povik sam izlazio na usta.

Sagnute glave, kao ovan, Bariba se probio napred. Morao je to, osećao je celom utrobom da mora, stisnuo je gvozdene čeljusti, pomaklo se u njemu nešto drevno, životinjsko, krvožedno, razbojnički. Biti sa svima, vikati kao svi, tući koga i svi.

Na zemlji, u krugu, ležao je crnomanjasti dečak zatvorenih očiju. Na košulji kragna poderana, na vratu se vidi crni mladež.

Stari Čurilov je stajao u sredini kruga i šutao dečaka nogom u slabine. Njegova dostojanstvena brada bila je sva raščupana, usta iskošena – nestalo je njegove bogobojažljivosti.

– Odneli! A, đavoli? Pobeže jedan, sa sto rubalja pobeže! A, đavoli?

I opet je šutao. Iza njegovih leđa pružale su se ka oborenome znojave šake, ali nisu smeli: Čurilov je pokraden, znači, on je tu gazda, njegovo je da bije.

Odjednom odnekud izroni Timoša – pravo pred nosem starog Čurilova – iskočio je crven u licu, besan, i okomio se na ovoga mašući rukama:

– Šta radiš to, lopužo matora, nehriste, zlikovče? Hoćeš da ubiješ dečaka zbog sto rubalja? Možda si ga već ubio! Vidi, ne diše. Đavoli, zveri, pa zar čovek ni sto rubalja ne vredi?

Stari Čurilov se prvo zbunio, a onda je zarežao:

– Šta je, i ti si s njima? Advokat! Pazi, ti, bratac. Čuli su ljudi, kakve ti priče pričaš. Držite ga, pravoslavni!

Ostali priđoše bliže, ali nekako oklevajući: ipak je Timoša naš čovek, a ovi nisu odavde. Preterao je stari Čurilov...

Crvenoliki, riđi gazda, nakupac konja, na praznik je stavio papirne manžete. U gužvi su mu manžete skliznule dole, između rukava i belog papira štrčale su riđe dlake, i još strašnije su izgledale njegove ogromne ruke.

Ruke su se pružile ka Timoši i lagano ga izgurale iz kruga. Riđi gazda reče:

– Beži dok si čitav, advokate, snaći ćemo se mi i bez tebe.

I poče iskusno pretraživati crnomanjastog dečaka, prevrćući ga kao kladu.

Gde će sad u manastir da idu – nije im do toga. Celo veče presedeo je Bariba kod Timoše. Černobiljnikov je došao kasnije i ispričao:

– Idem ja kroz Dvorjansku i čujem, na klupi kod kapije sede i pričaju: „A pomagao im je – kažu – naš krojač Timoša. Eto kakva je to propalica“.

– Budale – rekao je Timoša. – Spletkaroši. A Čurilovu, zlikovcu, đavolu, tako i treba. Šta će mu biti od sto rubalja! A oni, možda, dva dana nisu jeli.

Poćutao je i dodao:

– Zar će stvarno i do nas stići? A i kad bi stiglo, bogami, baš bi mi bilo drago. Ma i da me upucaju – svejedno; meni ionako nije puno ostalo.

21. Načelnikove nevolje

Tako je to: kad se najmanje nadaš, iskrsnu nevolje. „Ruke uvis" – i to kod nas da se desi! I sad u načelnika policije Ivana Arefiča briga preko glave.

Čitav vojni sud stigao iz gubernije, i to sve samo zbog nekog dečaka kradljivca. Predsednik suda, pukovnik, mršav, sa kratkom sedom kosom, patio je od želuca. Namučio se Ivan Arefič s njim. Ne sme ovo da jede, ne sme ono – nesreća jedna!

Prvi dan, kad su mu stigli nezvani gosti, Ivan Arefič spremio kraljevski doručak: na stolu boce, otpečaćene kutije duvana, pita sa mesom, narezana šunka. A pukovnik – sav pozeleneo od jeda. Ubode viljuškom koje parče, onjuši:

– Ovo je jako masno.

I namršti se, i ne jede. Načelnikovica Marja Petrovna se nasekirala:

– Ah, pobogu, pukovniče, pa što ne jedete? – „Sad će sigurno nastradati zbog ovoga moj jadni Ivan Arefič."

Zato je tužilac – dobar čovek – pohvalio kuvaricu. Debeljuškast, proćelav, ružičast kô prasence. Taj se sigurno kupa dvaput nedeljeno. I sve se nešto kikoće, i od svega uzima po dva parčeta.

– Eh, kako vam je ova pita od mesa dobra. Danas jedino na ovakvim plesnjivim mestima, kao što je ovo, u celoj Rusiji umeju da naprave pravu, starinsku, dobru pitu...

A uveče su u načelnikovom kabinetu na pisaćem stolu upaljene sveće (nikad u životu nisu paljene) i na sto su stavljeni papiri. Ivan Arefič dimi iz svog tompusa i tera dim ustranu – ne dao bog da dim nešto ode na pukovnika.

Pukovnik je pročitao papire i napravio kiselo lice:
– Šta je ovo, zar ćemo se oko jednog dečaka baktati? Od njega ionako nećemo ništa saznati. To je prosto uvredljivo. Zašto ste načelnik policije ako ne možete da pohvatate razbojnike?

Sedeći na krevetu, Ivan Arefič je skidao čizme i dodijavao načelnikovici:
– Ja već nisam pametan, Maša. Malo mu jedan – hoće još. A gde da ga nađem, kad je pobegao? Da, nemoj da zaboraviš: pukovniku sutra u dvanaest ovsene pahuljice na mleku, i flašu narzana.* Uh, bojim se da mi ne napakosti nešto, kakav je!

Marja Petrovna je zapisivala:
– Ovsene pahuljice... narzan... Nego znaš šta, Ivane Arefiču? Što se ti ne bi posavetovao sa Treptalom? On je prevejanac, možda će moći i tu da uradi nešto. Stvarno, što ne probaš?

Ivan Arefič je zapisao to sebi na čelu i spavao malo mirnije.

Na trgu pred zgradom policije, pred žutim oguljenim zidovima nalazi se pijaca. Podignute i privezane rukunice, konji sa džakovima ovsa nakačenim preko vrata, ciktavi prasići, kace sa kiselim kupusom, kola sa senom. Udaraju se po rukama trgujući, glasno se dozivlju, zaprege škripe, zemski kočijaš u bluzi bez rukava proba harmoniku.

---

* Kavkaska mineralna voda – *prim. prev.*

61

U načelnikovom kabinetu vrše saslušanja. Pukovnik žalosno osluškuje unutra, u sebe: u stomaku potmulo zavija. „Eh, gospode, cele nedelje nije bilo, a sad evo opet..."

Stari Ćurilov je ušao, sed, dostojanstven, u dugačkom kaputu. Prekrstio se.

– Kako je bilo? Pa evo, ako ćemo sve po redu...

Ispripovedao, obrisao se cicanom maramicom. Stojeći tako, pomislio: „A mogao bih i da se požalim na onog prokletog Timošu; ovi su, izgleda, strogi".

– I još, vaša blagorodija, ima tu jedan krojač Timoša – propalica i bezbožnik. Branio je onog dečaka – onog, što je pucao. A ja mu kažem: da nisi ti sa njima? A on meni, u lice, javno...

Otpustili starca. Tužilac protrljao meke znojave šake, otkopčao donje dugme na mundiru i tiho rekao pukovniku:

– Hm. Taj Timoša... Šta vi mislite?

Napolju su se pogađali, vikali, škripali. Pukovnik nije izdržao:

– Ivane Arefiču, zatvorite već jednom taj prozor! Glava mi puca. Ko je to video – pijaca pod samim prozorom!

Ivan Arefič je na prstima otišao da zatovri prozor i rekao:

– Sledeći.

Zamorno, izveštačeno, svedočio je blagajnikov zet. Tužilac je upitao:

– Znači, on se vratio u krčmu, a onda opet istrčao? -Aha? Dobro, a ta maramica? Spomenuli ste nekakvu maramicu. On se vratio po maramicu?

Blagajnikov zet se setio ispljuvane crvene Timošine mramice, kiselo se namrštio i rekao, mrzovoljno, unjkajući:

– Kakva maramica? Ne sećam se nikakve maramice.

Bariba je nagonski išao za pitanjima tužioca. I kad je došao red na maramicu, on je mirno rekao:

– Ne, nije bilo nikakve maramice. Prosto je rekao da ima nekog posla gore.

Kad su otpustili Baribu, tužilac je otpio hladan čaj i rekao pukovniku:

– Da napišem nalog za privođenje tog Timoše? Ja mislim, sva ova svedočenja... Znam, da ste vi vrlo oprezni, ali sad...

Pukovniku se u stomaku grčilo, grč se pronosio po crevima i mislio je:

„Do đavola! Ona načelnikovica, debela glupača; kakav je to provincijski običaj spremati sve masno!..."

– Onda, pukovniče...

– Ma ostavite me na miru, zaboga. Pišite šta hoćete. Strašno me boli stomak.

22. Sto pedeset rubalja

Kad su uhapsili Timošu niko se nije ni začudio.

– Odavno je trebalo.

– Bio je majstor da priča šta ne treba. Bogohulnik! O Bogu je govorio isto kao što bi o trgovcu Averjanu.

– I svuda je gurao svoj nos, o svakom je morao da kaže nešto. Našao se dušebrižnik i savetnik!

A Treptalo je rekao:

– Takve glave se kod nas ne nose dugo. Evo, Bariba i ja – nas dvojica ćemo poživeti.

Potapšao ga po leđima i pogledao svojim očima kao u ikone, da li prezirno, da li nežno – đavo će ga znati kad je bio takva pritvorica.

Uveče istog dana Semjona Semojniča pozvao na čaj načelnik Ivan Arefič. I stao da ga kumi i moli:

– Izvedite vi onog svog.,.. kako se zove... na pravi put. Da-da, Baribu. Da što bolje na sudu posvedoči. Ja znam, da je on vaš stručnjak za te stvari; ma dobro, dobro, svoji smo. Bogami, popeše mi se na glavu ovi iz gubernije; dao bih ne znam šta da ih se otarasim. A pogotovu taj pukovnik sa svojim hirovima – te mu ovo nije po volji, te ono...

Stadoše se pogađati i nađoše se na sto pedeset rubalja.

– Dobro, šta sad... A i onome... kako beše... Baribi... Moglo bi se i za njega naći neko mesto. Šta bi valjalo? Neki pisar, ili sreski policajac...

A drugog dana, za kronbergovskim pivom, Treptalo je na svaki način pokušavao da nagovori Baribu. Bariba je malo oklevao.

– Pa mi smo ipak neki prijatelji bili; kako sad – nezgodno mi je...

– Ej, dragi moj, pa zar ćemo sad i nas dvojica početi da se kolebamo i premišljamo? Tako ćemo samo pre nastradati. Znaš onu priču: ako se okreneš – umrećeš od straha. Znači, bolje je bez osvrtanja. Uostalom, još je daleko do suda. Možeš još i da se predomisliš ako ne budeš hteo.

„Stvarno, do đavola s njim, ionako ima tu jektiku... A ovako bih još mogao i mesto dobiti... Pa ne mogu ceo vek ovako živeti." I reče Bariba naglas:

– Dobro, ali samo zbog vas, Semjone Semjoniču. Da nije vas – ne bih nizašta.

– Da nije mene... Znam ja, prijaško moj, da bez mene od tebe ne bi bilo ništa. A ovako...

On zaćuti, a onda se odjednom naže ka Baribinom uvu i upita šapatom:

– Sanjaš li ti nekad đavola? A ja ga svake noći sanjam, svake noći – razumeš?

23. Dosadni komarac

I pristao je, i išao do načelnika, i načelnik mu je dao para i koješta naobećavao... Trebalo bi da Bariba bude zadovoljan. Ali ipak – mučilo ga je nešto, smetalo mu. Kao da se neki mali mravčić ili komarac zavukao u njega i zuji, zuji, nikako se ne da izvaditi, zgnječiti.

Legao je Bariba na spavanje i mislio:

„Sutra uveče. Znači, još čitav dan do suđenja. Mogu uvek da odem i da odbijem. Sâm sam sebi gazda.

Spavao je i nije. I sve kao da je u snu domišljao neku nedomišljenu misao:

„On je ionako gotov od jektike."

I opet je sanjao srez, ispite, popa, koji je gurao bradu u usta.

„Opet ću pasti, drugi put" – mislio je Bariba.

I domišljao:

„A pametan je bio taj Timoša – svaka mu čast."

– Zašto „bio"? Kako to – „bio"?

U tami je Bariba široko otvorio oči i nije više mogao da zaspi. Zujao je dosadni komarac, mučio ga.

– Zašto „bio"?

24. Zbogom

Kasno, tek u podne probudio se Bariba u svojoj Streljeckoj sobi; sve oko njega je bilo svetlo, jasno i učini mu se tako jednostavno ono što treba da učini na sudu. Kao da ništa od onoga, što ga je noćas mučilo – ništa od toga nije ostalo.

Aprosja je donela hleb i samovar i stala na pragu. Rukavi zasukani, leva šaka – pod lakat desne ruke, a na desnu ruku svoju priprostu glavu položila. I mogla bi da sluša Anfima Jegoriča, da ga sluša, stojeći tako mazno, uzdišući žalobno i saosećajno klimajući glavom.

Bariba je završio sa čajem. Aprosja mu pruži redengot i reče:

— Nešto si raspoložen danas, Anfime Jegoriču. Da neće biti para?

— Biće — rekao je Bariba.

Na suđenju se Timoša držao bodro, vrteo je glavom, a vrat mu je bio dugačak i tako tanak, tako tanak — strašno je bilo pogledati ga.

A crnomanjasti dečak je izgledao još gore: kao da se izduvao, kao da su mu sve kosti odjednom omekšale, istopile se. Stalno se zanosio ustranu. Stražar ga je svaki čas morao ispravljati i prislanjati uz zid.

Bariba je govorio mirno i razložno, ali se pomalo žurio: ipak mu se htelo da što pre ode odatle. Kad je završio, tužilac je rekao:

— Zašto ste ranije ćutali? Toliko dragocenog materijala.

Sud se već spremao da izađe, kad je Timoša odjednom poskočio i rekao:

— Da. E pa onda, zbogom svima!

Niko mu nije odgovorio.

25. Ujutro na pijačni dan

Ujutro, na veseli pijačni dan, ispred zatvora, ispred kancelarija — cika prasića, prašina, sunce; miris kola sa jabukama i konja; kroz pijačnu larmu probija se zvonjava sa crkve — negde ide procesija, moli za kišu.

Načelnik Ivan Arefič, u pozelenelom mundiru i sa tompusom, zadovoljan, izašao je na trem i rekao, strogo gledajući u gomilu:

– Zločinci su kažnjeni. U-po-zoravam vas...
U utihloj gomili odjednom je zašumelo, zaljuljalo se – kao kad u šumi poduva vetar.
Neko je skinuo kapu i prekrstio se. A u zadnjim redovima, podalje od načelnika, neko je rekao:
– Ubice, đavoli!
– O kome ti to, o kome, a?
Ivan Arefič se naglo okrenuo i otišao. Pred tremom odmah kao da su se probudili. Zagalamili su svi odjednom, dizali su ruke, svako je hteo da ga saslušaju. Odmahivao je glavom riđi gazda:
– Lažu, nisu ih obesili – ubeđeno je govorio. – To je nemoguće – kako se može živog čoveka obesiti? Pa zar bi se živ čovek dao? Rukama, zubima bi... Živ čovek da pusti da mu stave na vrat... Kako to može biti?
– Eto šta obrazovanje i knjige naprave – govorio je neki starac iz trgovaca. – Timoška je bio previše pametan, Boga je zaboravio, eto šta...
Riđi gazda je zlobno pogledao odozgo na starca i video da ovome iz ušiju rastu dlake, dugačke i sede.
– Bolje da ćutiš, sam si napola u grobu – rekao je.
– Vidi, već su ti dlake iz ušiju izbile.
Starac se ljutito okrenuo i, izlazeći iz gomile, progunđao:
– Nakotili se svakojaki... Gotovo je sa starim životom u srezu, uzbudili se, da.

26. Svetla dugmad

Beli, nijednom još neprani koporan, srebrna sunašca dugmadi, zlatne trake na ramenima.
„Majko presveta! Pa zar je sve to isitna? Prvo dvorište Balkašinih i ostalo, a sad ja, Bariba, idem u epoletama?"

Opipao je: još su tu. Znači, biće da je istina.

Od beležnika, iz ulaza ispod firme, izašao je sa torbom poštar Černobiljnikov. Stao je, gledajući Baribu. Pozdravio ga, zadivljen:

– Gospodine oficiru!

Bariba se naduvao od ponosa. Nemarno je podigao ruku do kape.

– Kad su te primili?

– Pa evo, ima tri dana. Koporan je tek danas gotov. Nije lako danas uniformu sašiti.

– Da, da. Znači, sad si vlast? E, pa, drago mi je.

Pozdraviše se. Bariba je išao i blistao, zadovoljan sobom, majskim suncem, epoletama. I osmehivao se svojim četvorougaonim osmehom.

Ispred zatvora Bariba je stao i upitao stražara:

– Je li tu Ivan Arefič?

– Nisu tu, otišli su na ubistvo.

I stražar, od kojeg je Bariba nekad bežao dok je krao po pijacama, stražar je učtivo salutirao.

Baribi je čak bilo drago što je načelnik otišao na ubistvo: ovako je mogao još šetati po suncu dok mu salutiraju. „Eh, što je život lep! A ja, glupan, umalo nisam odbio." Pokretale su se gvozdene čeljusti – pregrizao bi sad i najtvrđe kamičke, kako je to nekad radio.

– Ehe! Pa da! Sad treba da odem do oca. Stara budala – oterao me iz kuće, a da me sad vidi!

Pored krčme Čurilova, pored pustih pijačnih tezgi, po trotoaru od natrulih dasaka a posle i sasvim bez trotoara, uličicom po travi.

Pred vratima od iskidanog voštanog platna, tako poznatim, zaustavio se na trenutak. Gotovo da je voleo oca. Ma ne samo oca – celo predgrađe bi sad izljubio, a kako i ne bi, kad je na njemu prvi put koporan sa epoletama i sa svetlom dugmadi.

Bariba je pokucao. Izašao je otac. U-uh, brate, kako je ostario! Seda četina na obrazima, spustio je naočare na nos i dugo gledao. Gleda i ćuti – đavo će ga znati je li ga poznao ili nije.

– Šta treba? – progunđao je.

Uh, što je ljut. Vidi se da ga nije poznao.

– Šta je, ne prepoznaješ me, stari? Ne sećaš se kako si me ono isterao? A vidi me sad. Ima tri dana kako su me primili u policiju.

Starac se išmrkao, obrisao prste o pregaču i mirno rekao:

– Slušao sam o tebi, kako da nisam. Pričali su mi dobri ljudi.

Opet ga je mirno pogledao preko naočara.

– O Jevseju, monahu. I o krojaču takođe.

Odjednom mu se zatresla seda četina na obrazima.

– I o krojaču, sigurno, kako da nisam čuo.

A onda se sav zatresao i povikao, prskajući pljuvačkom:

– Napolje iz moje kuće, napolje, huljo! Rek'o sam ti da mi ne dolaziš nikad više na prag! Napolje odavde, napolje!

Zaprepašćen, Bariba je izbečio oči i dugo stajao tako, nikako nije mogao da shvati. Kada je najzad prežvakao šta je čuo, ćutke se okrenuo i otišao.

Mutnelo je već na ulici. Sumračni vetrić je naletao na prozore.

U krčmi Čurilova, za stolom, raširenih nogu i ruku u džepovima, sedeo je Bariba već dobro naliven. Mrmljao je u bradu:

– I to me briga. Stara budala. I to me...

Ali na dnu je već bio mutan talog, i nestao je veseli majski dan.

U ćošku nasuprot Baribe smestila su se za stolom tri krasnojardska trgovca. Jedan je, nagnuvši se, pričao nešto, druga dvojica su slušala. I odjednom su sva trojica prasnula u glasan smeh. Sigurno je nešto jako smešno bilo.

— A-a, tako? A, tako znači? Ma ja ću im, pokazaću im ja svima — govorio je Bariba u bradu.

Oči mu se zacrveneše, nacerila su se zlobna četvorougana usta, napregle su se gvozdene jagodice.

Trgovci se opet veselo nasmejaše.

Bariba je izvadio ruku iz džepa i pokucao nožem po tanjiru pijanim neravnomernim udarcima.

Priskočio je konobar Mićka-tikvan, nagnuo se, osmehujući se jednom stranom lica — onom okrenutom prema trgovcima, i izražavajući poštovanje drugom — prema sreskom policajcu. Trgovci su se okrenuli i slušali.

— S-lušaj ti. Re-reci im, da im ja ne doz-dozvoljavam da se smeju. Ja ću im... Kod nas je smejanje stro-strogo za-bra-nje-no. Ne; stani — sam ću!

Klateći se, ogroman, četvorougaon, mračan, ustao je i zatutnjao prema trgovcima. I kao da i nije išao čovek, već drevni oživeli kameni kip, besmisleni ruski kameni kip.

(1912.)

OSTRVLJANI

1. Strano telo

Vikar Duli je, naravno, baš onaj Duli, ponos Džesmonda i autor knjige „Zavet prinudnog spasenja". Rasporedi, sastavljeni u skladu sa „Zavetom", bili su okačeni po zidovima biblioteke vikara Dulija. Raspored sati za uzimanje obroka; raspored za dane pokajanja (dvaput nedeljno); raspored za izlaženje na svež vazduh; raspored za dobročinstva; i najzad, među svima ostalima, i jedan raspored, iz smernosti ostavljen bez naslova, a koji se ticao specijalno misis Duli i u koji su bile upisane subote svake treće nedelje.

U prvo vreme, događalo se, misis Duli bi iskliznula sa šina i pokušavala u nepredviđeni dan da sedne vikaru u krilo, ili bi počela da se bavi dobrotvornim radom u pogrešno vreme, ali mister Duli bi svaki put sa zaslepljujućim zlatnim osmehom (imao je osam krunica na zubima) i sa njemu svojstvenom taktičnošću objašnjavao:

– Draga moja, ovo je, naravno, jedna beznačajna greška, ali – sećate li se druge glave mog „Zaveta"? Život mora biti kao savršena mašina i mora nas sa mehaničkom neizbežnošću voditi ka cilju. Sa mehaničkom – razumete? I ako se naruši rad makar samo jednog točkića... Pa, razumete i sami.

Misis Duli je, naravno, razumela. Sa knjigom u ruci, ona bi opet dugo sedela pored prozora. Živela je između poglavlja romana. Posle godinu dana bi sa čuđenjem primetila novu boru kod očiju – zar je već prošla godina? Dan-dva nije mogla da čita. Sedela je kod prozora i, u nekom čudnom iščekivanju, gledala na ulicu, na ljude koji su izlazili iz crvenog tramvaja, na brze nabubrele oblake. A mister Duli, gledajući na sat, bavio se pokajanjima, fizičkim radom, svojim dobročinstvima – i bio je zadovoljan: radio je skladno i precizno kao mašina.

Na žalost, nijedna mašina nije sigurna od kvara, ako u točkove upadne strano telo. I to se desilo i sa mašinom vikara Dulija.

Bilo je to u nedelju, u martu, kada se mister Duli vraćao kući posle jutarnje službe u crkvi Sent-Inoh. Zvrjali su bicikli, mister Duli se mrštio od njihove dosadne zvonjave, od suviše sjajnog sunca, od nedopustivog vrapčijeg žagora.

Mister Duli je već zakoračio preko ulice prema svojoj kući, kad odjednom iza ugla izleti crveni automobil. Vikar se zaustavio, po navici složio ruke na leđima i počeo prebirati prstima kao da broji: jedan, dva, tri. I na „tri" ugleda: ispred zahuktalog crvenog automobila lagano je išao jedan subjekt. To „lagano" verovatno nije trajalo duže od pola sekunde, ali bilo je upravo tako: išao je lagano, i vikar je stigao da zapazi ogromne kvadratne cipele, koje su, kao traktor, stupale lagano i teško.

Crveni automobil je vrisnuo još jednom, kvadratne cipele poletele su kroz vazduh nekako veoma neobično – i automobil je stao. Istog časa zaustavila se čitava ulica. Ljudi su se skupili, istegli vratove – krv. Bobi je hladnokrvno zapisivao broj automobila. Riđi džentlmen iz publike nasrtao je na šofera, vikao i toliko mahao rukama, da je izgledalo kao da ih ima barem četiri.

– Nosite ga u kuću! – vikao je četvororuki. – Čija je to kuća? Unesite ga unutra...

Tek tu se vikar Duli trgnuo, odgovorio sebi: pa moja je kuća, uhvatio se za kvadratne cipele i stao pomagati da se povređeni pronese – pored vrata. Ali manevar mu nije uspeo.

– Helou, mister Duli! – viknuo je četvororuki džentlmen. – Vi ćete, velečasni, sigurno dopustiti da unesemo čoveka kod vas?

Vikar je radosno pokazao četiri zlatna zuba:

– Ah, to ste vi, O'Keli? Sigurno, sigurno, samo ga unesite. Ovi automobili – pa to je strašno! Ne znate, čiji je auto?

Ali O'Keli je već bio negde unutra, i pred vikarem su se klatili mrtvi kvadratni đonovi ljubitelja šetnje pod automobilima. Vikar je išao pozadi i žalosno nabrajao na prste:

– Doručak. Dve stranice komentara uz „Zavet". Pola sata u parku. Poseta bolnici...

Sad je sve to propalo. Velika mašina vikara Dulija je stala. U spavaćoj sobi za goste svetlo-sivi tepih je poprskan krvlju, a na krevetu, godinama neupotrebljavanom pojavilo se strano telo.

Trebalo je svakog časa da dođe doktor. Vreme doručka – jedan i petnaest – davno je prošlo, i vikar je u biblioteci lupao glavu oko svog rasporeda. Ako bi, na kraju, sve pomerio za po tri sata, onda bi ručak bio u jedanaest uveče, a poseta bolnici – u jedan po ponoći. Situacija je zaista bila apsurdna i bezizlazna.

Dok bi gospodin vikar radio u biblioteci ulaz je, naravno, bio najstrože zabranjen. I ako je misis Duli sada kucala na vrata, onda se, verovatno, dogodilo nešto veoma važno.

73

– Edvarde, pa to je smešno... – obrazi misis Duli su goreli. – Stigao je doktor, a Kembel neće da se skine. Idite, recite mu vi. To je stvarno smešno!

– A ko je Kembel? Onaj gore? – vikareve obrve se trouglasto izviše.

„Onaj gore" – Kembel – ležao je, došavši svesti. Doktor je oprao od krvi ulepljenu svetlu kosu. Glava je bila u redu, ali je iz grla išla krv, bilo je nekakvih unutrašnjih povreda, a Kembel je tvrdoglavo odbijao da skine kaput.

– Slušajte, pa kako možete tako nešto da... Pa doktor mora da vidi u čemu je stvar... Mister Duli je s mržnjom gledao u tešku kvadratnu bradu Kembela, koja je tvrdoglavo mahala: ne.

– Slušajte, vi ste, najzad, u tuđoj kući svima nama oduzimate vreme... – Mister Duli se osmehnuo, pokazujući niz opakih zlatnih zuba.

Brada se trgla. Kembel je prebledeo još jače.

– Dobro. Skinuću se, kad je tako. Samo neka ledi izađe.

Vikar i doktor raskopčaše kaput mistera Kembela. Pod njim se ukazao uštirkani plastron i odmah pod ovim krupna, koščata prsa. Košulje nije bilo. Bilo je to neverovatno, ali upravo tako: košulje nije bilo.

– A? – vikar je upitno-negodujuće podigao obrve i pogledao na doktora. Ali doktor je bio zauzet: pažljivo je opipavao desnu stranu pacijenta.

Dole, u salonu, vikar se prosto bacio na doktora:

– Pa, šta je? Kako je on?

– M-m... Žao mi je, ali nije dobro... – doktor je raskopčavao i zakopčavao redengot. – Dva rebra, a možda još i gore – žao mi je. Za dva-tri dana će se pokazati. Zasad ga se ne sme micati odavde.

– Kako da ga ne... – hteo je da uzvikne mister Duli, ali se istog časa osmehnuo zlatnim osmehom: – Jadni mladić, jadni...

Čitavo veče mister Duli je tumarao kroz sobe, nije mogao da se skrasi, i osećao se kao voz koji je iskliznuo iz šina i sad leži pod nasipom sa točkovima nagore. Misis Duli je nosila led i peškire, misis Duli je bila zauzeta. Prevrnuti voz je bio prepušten samome sebi.

U pola dvanaest vikar je pošao na spavanje – ili, možda, ne toliko na spavanje, koliko da pred snom iznese svoje mišljenje misis Duli. Ali njen krevet bio je još prazan.

Bilo je to prvi put za deset godina supružničkog života i vikar je bio pometen. Ležao je i gledao, ne trepćući, kao riba, u belu prazninu susednog kreveta, pričinjavali su mu se u toj praznini nekakvi oblici. Bila je ponoć.

I desilo se nešto veoma neobično: sazdana od praznine misis Duli – delovala je na vikara onako, kako nikad nije delovala misis Duli telesna. Došlo mu je da odmah, istog čas, naruši jedno od pravila svog rasporeda: da odmah vidi i dodirne misis Duli...

Vikar se pridigao i pozvao – ali niko se ne odazva: misis Duli je bila zauzeta oko povređenog, možda se može reći – oko umirućeg. A šta se može prigovoriti kad je u pitanju izvršavanje čina milosrđa?

Čuo se sat. Vikar je ležao, složivši ruke unakrst na grudi, onako kako je preporučivao u „Zavetu spasenja" – i pokušavao da ubedi sebe da spava. Ali kad je sat otkucao dva, autor „Zaveta" je začuo samog sebe kako izgovara nešto veoma neprilično na adresu „onih beskošuljaša". Doduše, valja priznati, da je autor „Zaveta" odmah u mislima savio prst i pribeležio ovaj sraman događaj u rubrici „Sreda, od 9 do 10 uveče, gde je stajalo: pokajanje.

75

2. Cviker

Misis Duli je bila kratkovida i nosila je cviker. Bio je to cviker bez okvira od prvoklasnih stakala sa hladnim kristalnim odbleskom. Cviker bi od misis Duli napravio veličanstven primerak klase bespectacled women – ženâ sa naočarima – od kojih se, kad ih samo vidiš, može zaraditi prehlada kao od promaje. Ali, otvoreno govoreći, upravo ta prehlada savladala je svojevremeno mistera Dulija; on je imao svoj pogled na stvari.

Bilo kako bilo, apsolutno je tačno, da je cviker bio nužan, možda čak i osnovni organ misis Duli. Kada bi o misis Duli govorili oni koji je nisu dobro poznavali (naravno, to su bili oni koji su skoro došli u grad), onda bi govorili ovako:

– A, misis Duli... To je ona sa cvikerom?

Zato što je bez cvikera bilo nemoguće zamisliti misis Duli. Pa ipak...

U metežu i anarhiji, onog dana, kad je u vikarev dom prodrlo strano telo – tog istorijskog dana misis Duli je izgubila svoj cviker. I sada je bila neprepoznatljva: cviker je bio njena ljuštura, ljuštura je spala – i oko zaškiljenih očiju pojavile su se neke nove borice, usne su joj bile malo rastvorene, izgledala je i zbunjeno i – blaženo.

Vikar jednostavno nije mogao da prepozna misis Duli.

– Slušajte, draga, trebalo bi da sednete i da čitate nešto. Pa ne možete stalno juriti tako.

– Ali kako da čitam – bez cvikera? – odvraćala je misis Duli i opet trčala gore do bolesnika.

Verovatno zato, što nije nosila cviker, Kembel nije osećao baš nimalo promaje u njenom prisustvu, i kad je počeo ozdravljati, dugo i rado je brbljao sa njom.

Doduše, „brbljati" je za Kembela značilo brzinu ne veću od deset reči u minuti: on nije govorio, nego puzio, lagano se kotrljao, kao teško natovareni teretni traktor sa širokim točkovima.

Misis Duli je stalno pokušavala da izvuče od njega što više o događaju sa automobilom.

– ... Pa da, dobro to. Ali vi ste videli taj automobil, mogli ste da se sklonite – pa zašto onda niste?

– Pa... Video sam ga, naravno... – Škripali su široki točkovi. – Ali ja sam bio nekako siguran, da će se on zaustaviti – taj automobil.

– Ali šta ako on nije mogao da se zaustavi? Jednostavno – nije mogao?

Pauza. Lagano i teško kotrlja se traktor – sve pravo, ni centimetar sa puta.

– Morao je da se zaustavi... – Kembel se mrštio u nedoumici: kako da se nije mogao zaustaviti, kad je on, Kembel, bio siguran da će se zaustaviti! A pored njegove, Kembelove, uverenosti – šta je značilo nekoliko polomljenih rebara?

Misis Duli je šire otvarala oči i pažljivo zaglédala Kembela. Negde dole uzdisao je prevrnuti vikarev voz. Nadolazio je suton, potapao Kembelovu postelju, i uskoro su na površini ostajale – štrčale ispod pokrivača – samo tvrdoglave kvadratne cipele (njih već Kembel nije hteo da skine ni po koju cenu). Sa kvadratnom uverenošću govorio je – kotrljao se Kembel, i sve je kod njega bilo neosporivo i sigurno: na nebu je – pravedni Bog; najveća nacija na svetu su – Britanci; najveći zločin je – piti čaj, ne vadeći kašičicu iz šolje. I on, Kemebl, sin pokojnog sera Harolda Kembela, nije on valjda mogao da radi kao običan radnik, ili da traži nekakvu pomoć – zar to nije jasno?

– ... Otplaćivali smo dugove sera Čarlsa, pradede. Plaćao ih je deda, pa otac – pa ja. Ja sam morao da ih otplatim, i ja sam prodao naše poslednje imanje, i otplatio sam sve.

– I gladovali?

– Pa ja sam vam rekao, pa nisam valjda ja mogao da... – Kembel bi uvređeno zaćutao.

A misis Duli – bila je bez cvikera – naginjala se niže i videla: gornja usna Kembelova se detinjski--uvređeno napućila. Snažna brada i napućena usna – to je bilo tako smešno i tako... Najradije bi ga pomilovala:

„Nemoj, mali moj, pa vidiš kako si smešan..."

Ali umesto toga misis Duli je pitala:

– Nadam se, da vam je danas bolje, Kembel? Već možete slobodno micati rukom? Sačekaćemo, da vidimo šta će sutra reći doktor...

Ujutro je dolazio doktor, u redengotu, plašljiv i pokoran kao patuljak.

– Priroda – priroda je najvažnija. Ja se izvinjavam, ali vi zaista imate veličanstvenu prirodu... – mrmljao je doktor, gledao nadole, u torbu sa instumentima, i uplašeno ju je ispuštao na pod kada bi u sobu bučno upadao advokat O'Keli.

Od irski-riđe kose O'Kelija i od mnoštva njegovih razmahanih ruku u sobi je odmah postajalo živo i bučno.

– Kako je, Kembel, jeste li se već oporavili? Pa sigurno. Vi, Englezi, imate glave od posebnog materijala. Rezultat boksa. Jeste li boksovali? Malo? Znao sam ja to... Napričavši se i namahavši, O'Keli bi tek na kraju primećivao, da mu je prsluk raskopčan i da je on, u stvari, došao poslom: vlasnik automobila bio je spreman da odmah uplati Kembelu četrdeset funti.

Kembel nije bio nimalo iznenađen:

– Da, ja sam bio siguran...

Zamoilio je samo za pero i papir i na uskoj, prohladno-plavoj koverti misis Duli napisao nečiju adresu.

Kroz dva dana stigao je odgovor. I dok je Kembel čitao, misis Duli se setila cvikera – sad joj je baš zatrebao cviker, i ona se nervozno osvrtala po sobi deseti put.

– Nadam se, da su dobre vesti. Videla sam, da je rukopis ženski... – misis Duli je usiljeno tražila nešto po kućnoj apoteci.

– O, da, to je od majke. Pisao sam joj za novac. Dobro će joj doći.

Misis Duli je zatvorila ormarić.

– Baš mi je drago zbog nje; ne znate kako mi je drago – misis Duli je zaista bilo drago i to se videlo, obrazi su joj opet bili rumeni.

Za doručkom se misis Duli, gledajući nekud pored vikara – možda, u oblake – odjednom neočekivano osmenhula.

– Danas ste dobro raspoloženi, draga... – vikar je pokazao dve zlatne krunice. – Verovatno je vašem pacijentu bolje?

– O, da, doktor misli, da će u nedelju moći da izađe...

– E, to je sjajno! – vikar je blistao zlatom svih osam krunica. -Najzad ćemo opet živeti normalno.

– Da – namrštila se misis Duli. – Uzgred, kad će biti gotov moj cviker? Može li pre nedelje?

3. Nedeljni džentlmeni

Za nedelju su u Džesmondu kameni pragovi kuća, kao i uvek, bili izribani do zasleljujuće beline. Kuće su bile vremešne, čađave, ali beli pragovi su blistali, kao veštački zubi nedeljnih džentlmena.

Nedeljni džentlmeni, kao što je poznato, proizvode se u jednoj od džesmondskih fabrika i u nedeljna jutra puštaju se na ulice u hiljadama primeraka – zajedno sa nedeljnim brojem „Žurnala parohije Sent-Inoh". Svi sa jednakim štapovima i u jednakim cilindrima, nedeljni džentlmeni sa veštačkim zubima dostojanstveno šetaju po ulicama i pozdravljaju dvojnike:

– Divno vreme, zar ne?

– O, da, juče je bilo mnogo gore...

Džentlmeni zatim slušaju propoved vikara Dulija o skupljaču poreza i fariseju. Vraćajući se iz crkve, nekim čudom nalaze među hiljadama jednakih, fabrički proizvedenih, svoju kuću. Ručavaju bez žurbe i razgovaraju sa porodicom o vremenu. Pevaju sa porodicom pesme i čekaju veče, da bi, sa porodicom, otišli nekome u goste.

U nedelju ujutro, zaprepastivši doktora, Kembel je ustao i pošao do majke. Misis Duli je čitav dan sedela ispred svog prozora. Čitati nije mogla – cviker joj ipak nije bio popravljen.

„Ništa, uskoro će ga opraviti, pa ćemo opet živeti normalno" – mislila je vikarevim rečima, gledala kroz prozor, napolju su promicali brzi, naduveni oblaci, i valjalo bi potrčati za njima – eto šta bi sad valjalo – i ona nije mogla da odvoji pogled od njih.

– Slušajte, draga, pa stigli su nam gosti... – ulazio je vikar, trljajući ruke. On je bio odlično raspoložen – uskoro će opet započeti normalan život.

Misis Duli je nekud išla, sa nekakvim plavim i ružičastim damama razgovarala o vremenu, a oblaci su jurili i nadimali se. A vikar je blistao zlatom svih osam krunica i razvijao pred plavim i ružičastim damama misli iz „Zaveta prinudnog spasenja", što je na njegovom barometru značilo maksimum. U suštini, zar to nije savršeno jasno: ako pojedinačna – uvek prestupnička i haotična – volja bude zamenjena voljom Velike Državne Mašine, onda će sa mehaničkom neizbežnošću – razumete? – mehaničkom... I mehanički je klimala u odgovor nečija okrugla, kao fudbalska lopta, glava.

Začulo se zvono. Oblaci su se zgusnuli u polumračnom predsoblju, i iz oblaka je izašao Kembel. Bio je glatko izbrijan (brada mu je ovako bila još uglastija) i u smokingu, istina malo iznošenom. Za njim je ulazio još neko.

I kad je taj neko ušao, Kembel je proglasio:

– Moja majka, ledi Kembel.

Svi su se odjednom okrenuli i zaćutali, kao da se desilo nešto neprilično ili neprijatno, mada ničeg takvog nije bilo. Jer, ako je reč o večernjoj toaleti ledi Kembel – pa šta: haljina kao haljina, od sive svile, možda samo malko demodirana. Ali ipak svi su ćutali.

Ledi Kembel je nastupala lagano, i nekakva nevidljiva uzda sve vreme je dizala njenu glavu uvis. Sivožute sede vlasi, i u izrezu sive haljine micala su se mumijska, strašna ramena, i kosti, kosti... Tako štrči žičani kostur starog, od vetra slomljenog kišobrana.

– Milo mi je, što smo u prilici... – sa poštovanjem je rekao vikar. – Taj događaj sa automobilom je poslužio... – vikar je gledao u njeno lice: bilo je najobičnije, ali bilo je u njemu nešto...

– Moj pokojni muž, ser Harold, uvek je bio protiv automobila... – nevidljiva uzda dizala je glavu sve više. – U njihovom prebrzom kretanju video je nešto izrazito nevaspitano...

To je bilo veoma dobro zapaženo: upravo – nešto nevaspitano. Vikar je trljao ruke:

– Potpuno se slažem sa vama, draga ledi Kembel: upravo nevaspitano!

Da, to je očigledno: suđeno im je da postanu prijatelji. Vikar ju je gledao u lice: ne, izgleda da ipak nema ničeg osobitog. Prosto mu se učinilo.

– Veoma mi je drago, što se misis Duli tako dobro slaže sa mojim sinom.Tako ih je prijatno gledati, zar ne? – ledi Kembel se osmehivala.

I tog trenutka je vikar shvatio da su to – u s n e. Bledoružičaste, tanke i neobično dugačke, kao crvi – izvijale su se, mrdale gore-dole repićima...

Misis Duli je živo govorila o nečem i nagnula se veoma blizu Kembelovom licu; nije imala svoj cviker.

– Njen cviker još nije gotov... – zbunjeno je rekao vikar. Crvići su puzili pravo na njega, on je uzmicao, smišljajući, šta još da kaže. – Da... Mister Kembel vam je sigurno rekao: dobio je ponudu da radi kod advokata O'Kelija. Naravno, to nije bogzna šta, ali za prvo vreme...

– O, nužda nas, naravno, prinuđuje da se složimo, ali inače... O'Keli! Ja živim ovde već godinu dana, i... – ledi Kembel se osmehivala, crvi su se izvijali, kao da se ustermljuju na plen.

Vikar je sad bio miran. On je ponovo bio autor „Zaveta spasenja" i blagonaklono je pokazivao zlatne krunice:

–... Jedina nada je – blagotvoran uticaj sredine. Ne bih hteo da to pripisujem sebi u zaslugu, ali vi znate – parohijani Sent-Inoha su na vrlo visokom nivou, i ja se nadam, da će se malo-pomalo čak i O'Keli...

– O'Keli? Da, on je stvarno užasan! – uzbuđeno su prihvatile plave i ružičaste dame, i brže je zaklimala okrugla kao fudbal glava. Glava je pripadala mister-
-Mekintošu, a mister Mekintoš je, kao što je poznato, znao sve:

– O'Keli? Pa da: iza kulisa „Empajera"... Daktilo-grafkinje? I te kako! Četiri daktilografkinje... – Mister Mekintoš je kao lopta skakutao iz ugla u ugao – u smokingu i plavo-žuto-zelenoj škotskoj suknjici – skakutala su mu gola kolena. Mister Mekintoš je bio na položaju sekretara Korporacije počasnih zvonara parohije Sent-Inoh i, prema tome, bio je stručnjak po pitanjima morala.

– Znate, ja bih takve, kao što je taj O'Keli... – zaneo se Mekintoš. Ali, na žalost, presuda je ostala neobjavljena: okrivljeni se pojavio lično, a presude po pitanjima morala izriču se samo u odsustvu okrivljenog.

– Baš smo o vama pričali – vikar je pokazao advokatu dva zlatna zuba.

– Sigurno ste me dobro *izdulili?* – nasmejao se O'Keli; on je uveo u upotrebu glagol *duliti* i tim glagolom je strašno nervirao vikara.

– Da niste zakasnili, dragi O'Keli sami biste čuli. Ali, kad je u pitanju tačnost, vi ste beznadežan slučaj...

– Ja uvek tačno kasnim – pa i to je već neka tačnost – stresao je riđom kosom O'Keli. Kao i uvek, bio je raščupan, na kaputu nekakvo perje, jedno dugme sasvim neprikladno otkopčano. Plave i ružičaste dame gurkale su jedna drugu, crvići ledi Kembel migoljili su se – i jedino, možda, misis Duli od svega toga ništa nije primećivala.

– ... Znači, ujutro se vraćate kući i sad ćete – poslednji put prenoćiti... – misis Duli je zimogrožljivo skupila ramena – verovatno se prehladila.

Kembel je stajao i ćutao, široko rastavivši noge. Misis Duli baci pogled na ogledalo, da popravi frizuru – zanjihala se zlatna kosa zlatom poslednjeg lišća. Ona se trgnula i nasmejala:

– Znate šta: recimo, da ste vi još bolesni, i ja ću, kao i pre, doći da vam stavim oblog za noć.

– Ali ja više nisam bolestan. – Kembel se namrštio zbunjeno – teški traktor vozio je dobro samo po kamenu, točkovi su mu se zaglibljivali u nesigurnom „recimo“.

Seli su da večeraju. Mekintošu je trebalo veoma mnogo vremena: za njega je to bila složena operacija – da sedne tako, da se ne izgužva njegova plavo-žuto- -zelena suknjica. Smestivši se, mister Mekintoš je dubokomisleno zaklimao fudbalskom glavom:

– U suštini, hrana je jedna velika misterija, zar ne?

To je bilo tako lepo rečeno – misterija. Velika misterija protekla je u tišini, i samo je u onom uglu, gde je sedeo O’Keli, bilo crveno, živo i bučno. O’Keli je pričao o Parizu i o nekakvom koferčiću na naduvavanje tamo nabavljenom specijalno radi izigravanja engleskih zakona.

– ... Ovde vas bez prtljaga ni u jedan hotel neće pustiti sa damom. I onda vi izvadite koferčić iz džepa, naduvate ga – pfff – i dobijete pravi kofer. Na kraju, zar nije uloga zakona ista kao uloga vaših haljina, moje dame? Ah, izvinite, vaša svetosti...

Vikar je trouglasto podigao obrve i po ko zna koji put pogledao na sat: u rasporedu za nedelju u rubrici „spavanje“ stajao je broj 11. A osim toga, ovaj O’Keli...

Misterija se završila. Nedeljni džentlmeni sa suprugama žurili su kući.

Pozdravljajući se sa Kembelom na vratima njegove sobe, misis Duli nasmejala se još jednom – sveća u ruci joj je podrhtavala:

– Onda, da vam donesem oblog?

– Ali, ja sam zdrav, prema tome – šta će mi oblog? – sveća je obasjavala snažnu kvadratnu Kembelovu bradu.

84

Misis Duli se brzo okrenula i otišla u spavaću sobu. Vikar je već spavao, sa belom kapicom, ukrštenih ruku na grudima.

Ujutro za doručkom vikar je zatekao misis Duli već sa cvikerom, i zadovoljno je rekao:

– Eto – sad vas ponovo prepoznajem!

4. Najviši tip intelekta

Kancelarija advokata O'Kelija bila je smeštena na drugom spratu stare kuće. U debelom kamenom zidu – okovana vrata sa zvekirom, mračne kamene stepenice gore i jedan stepenik nadole, spolja, u ulicu Obućara Džona. Ulica je u stvari uski prolaz između kuća – koliko da se dvoje mimoiđu – i plava traka neba gore između zidova. U staroj kući nekad je živeo slobodoljubivi obućar Džon, tvrdoglavo se držeći luterovske jeresi za šta je i spaljen na lomači. Sada je ovamo došao da traži posao mister Kembel.

U prvoj prostoriji kucale su na „Andervudima" četiri gospođice. O'Keli dovede Kembela do prve i predstavi je:

– Moja žena, Sesili Janjić.

Kose boje lana i malenih usta ona je zaista bila kao uskršnje jagnje sa trakom oko vrata. Kembel se pažljivo rukovao sa njom.

Zatim ga O'Keli upozna i sa ostalim trima i za svaku reče isto – kratko i ozbiljno:

– Moja žena. Moja žena. Moja žena.

Kembel se zaustavio sa ispruženom rukom, stradalnički se namrštio i prosto se čulo, kako cvili i pišti teški traktor, nikako se ne mičući sa mesta. Moja žena – moja žena – moja žena... Pogledao je na O'Kelija – ovaj je bio savršeno ozbiljan.

– Vi izgleda ne znate – ja sam musliman – priteče mu O'Keli u pomoć.

Kembelu se poravnaše bore na čelu: razoktrivene su i prava i druga premisa, i silogizam je kompletan. Sve je bilo kvadratno-jasno.

– O, ja sam se uvek odnosio sa poštovanjem prema svakoj ustanovljenoj religiji – ozbiljno je počeo Kembel. – Svaka priznata religija...

O' Keli, sav crven, nekoliko trenutaka se punio smehom, a onda je pukao, a za njim i sve četiti njegove žene.

– Slušajte, Kembel... Uh, ne mogu... Ma kako ste takvi... Gospode, pa on je stvarno poverovao! E, prijatelju, još ćete se vi ovde naslušati laži!

– Laži? – Kembel se zbunio do kraja. – Laži? – To je bilo nepojmljivo, nije se moglo uzeti ni za šalu, ni za ozbiljno, bilo je prosto nepojmljivo, kao što je, recimo, nepojmljiva, nepredstavljiva beskonačnost vaseljene. Kembel je stajao, zanemeo, raširenih stubolikih nogu.

– Slušajte, Kembel, budimo ozbiljni... – O' Keli je, kao i uvek, bio ozbiljan dok je govorio neozbiljno. – Ne smete zaboraviti da smo mi, advokati, predstavnici najvišeg tipa intelekta, i zato imamo privilegiju da lažemo. Jasno je kao dan, da životinje nemaju predstave o laži; isto tako, kad se nađete među nekim divljim ostrvljanima, oni će takođe govoriti samo istinu dok se ne upoznaju sa evropskom kulturom. Ergo: zar to ne znači?...

To je zaista bilo tačno. Ali Kembel je bio potpuno, kvadratno uveren, da to n e b i s m e l o b i t i tačno, i zato mu je u glavi zavladao krajnji haos. I on više nije čuo reči O'Kelija, već je samo beznadežno grebao rukom po čelu; tako meved pokušava da zgrebe pčele koje su ga oblepile...

U prijemnoj sobi advokata je čekala nekakva mlada ledi, dečački ošišana. Pušila je.

– A, Didi! Dugo me čekate? Misis Didi Lojd, naš klijent. Razvod... – Advokat se okrenuo Kembelu, ugledao njegovo namršteno čelo, i opet počeo: – Ja sam joj lepo rekao, da prvo stupi u probni brak, ali kad ona neće da sluša... Niste čuli za probni brak? Ma kako niste, pa taj zakon je usvojen trideset i prvog... m-m-m, trideset i prvog marta.

Misis Didi Lojd je bila smešljiva i već su joj podrhtavale usne. Kembel se opet zbunio – da li da veruje, ili ne – a O'Keli je već stavljao pred njega papire.

– ... Ostale su samo još neke sitnice. Pogledajte to.

Kembel se vrlo zvanično naklonio: dečački maniri i cigareta Didi Lojd, kao i noga preko noge – nisu bili po njegovom ukusu. On sede za sto, a O'Keli se ushodao iza njega, tresući pepeo po prsluku i vireći mu preko ramena:

Papiri – to je već nešto konkretno. Magla u Kembelovoj glavi se razišla, i po utabanom putu teretnjak je išao sigurno i brzo. O'Keli je blistao i tapšao Kembela po ramenu:

– Pa vi ste sjajni! Znao sam ja to... E, baš ste sila.

Klijenti su dolazili i odlazili. O'Keli je već počinjao da zeva; vreme je i za ručak.

– Šta ćemo – u restoran? A onda u pozorište. Šta – nećete? Ma hajde...

Kod kuće je Kembela na ručku čekala ledi Kembel. Ali O'Keli je, kao i uvek, imao neke svoje neočekivane i neobične razloge, po kojima je izlazilo, da se ne može drugačije – i Kembel je poslušno išao za njim.

Posle boce romaneje Kembel se u pozorištu osećao veoma visokim – višim od svih – i lakim. Tako se retko Kembel osećao lak – bilo je to veoma prijatno i smešno – da se smejao svemu na sceni kao petogodišnje dete...

Uostalom, i svi drugi su isto tako gledali na pozornicu i isto se tako smejali kao petogodišnjaci. Bilo je veoma zabavno: gospodin sa nalepljenim nosem i neka debela ženska igrali su tu step, ona su se posvađali oko nađenog šilinga i gospodin sa nosem udarao je žensku po obrazima, a iz orkestra je u taktu lupao bubanj. Onda je jedna devojka, osvetljena na smenu zelenom i malinastom svetlošću, svirala na violini Mocarta. Onda je neka u crnom, vitka, lagano lepršala-plesala u polutami...

Jedan njen okret – i Kembelu se učini da prepoznaje vitko dečačko telo, kratku kosu... ne, ne može biti! Ali ona je već bila iza platna – platno je jarko osvetljeno – i njena senka lagano skida sa sebe sve, bez žurbe i vično, čarape, podvezice, triko: to je bila njena druga tačka.

– Misis Didi Lojd? – ne skidajući pogled sa platna, upitao je Kembel.

– „Misis"... – narugao se O'Keli. – Pa sigurno, da je Didi.

O'Keli je radoznalo, iskosa, gledao na nagnutog unapred Kembela: izgledalo je kao da će se svakog časa pomaći traktor-teretnjak i zatutnjati, pravo, rušeći sve pred sobom...

Didi je završila svoju tačku, Kembel je najzad odahnuo, i to je kod njega ispalo tako glasno, iz dubine, da se i sam uplašio i osvrnuo. Iz lože zdesna kroz tamu nešto je blesnulo na njega.

– Pa, prijatelju, izgleda da vam se dopalo? – smeškao se O' Keli.

Već odevena – u ogrtaču i sa šeširom – Didi se kroz prolaz probijala do njih. Sela je pored O'Kelija i, suzdržavajući smeh, nešto mu govorila na uvo.

88

Kembelu bi neprijatno što je ona sada – odevena, a onda, učini mu se i da se suviše glasno smeje. Kembel se odmakao, isturivši bradu, seo prav, ukočen i počeo da sluša koncert na čudnom instrumentu: jedna struna, nameštena na četki za ribanje poda.

Upalila se svetlost. Didi se okrenula Kembelu:

– Slušajte, Kembel, je l' istina šta kaže O'Keli da vi nikad – da nikad... – ona uze Kembela za ruku i stade mu nešto pisati malom zlatnom olovkom po manžetni.

„Kad bi sad moja majka..." – setio se Kembel tankih usana koje su se izvijale i on se opet osvrne, kao da bi ledi Kembel mogla da bude ovde.

Ali umesto ledi Kembel – u loži desno on ugleda misis Duli. Izgledalo je, kao da stakla njenog cvikera blešte, hladnim bleskom pravo u Kembela. Ali to mu se, očigledno, samo pričinilo: blešteći pravo u Kembela – misis Duli nije se klanjala. Ne, očigledno, ona ga nije videla.

5. O porculanskom mopsu

Porculanski mops obitavao je u broju 72, u nameštenim sobama misis Aunti. Stanari su se ovde smenjivali svake nedelje – svaki put, kad bi u „Empajer" stizala nova revue. Tu su uvek lebdeli oblaci duvanskog dima; noću bi neko pljuskao i glasno se smejao u kupatilu; danju bi do podne bile spuštene roletne u spavaćim sobama. Ali porculanskom mopsu Džoniju to nimalo nije smetalo, i on je sa visokog kamina gledao na život sa svojim večitim hladnim i sveznajućim osmehom. Mops Džoni pripadao je Didi – i obratno: Didi je pripadala mopsu Džoniju. Oni su bili nerazdvojni drugovi. Ali zato su se između Kembela i Džonija nekako odmah i bez ikakvog vidljivog razloga ustanovili loši odnosi.

– Slušajte, Kembel, zašto, zašto vi ne volite mog Džonija? Pogledajte, kako je on predivno-bezličan. I tako je veran. Sa njim možeš da radiš šta hoćeš...

U Kembela su na kolenima papiri: težak je to posao – nagovoriti Didi da uzme novac, koji joj tako galantno nudi mister Lojd, njen bivši muž. U Kembela je čelo naborano.

– ... Mister O'Keli složio se, da treba da uzmete novac. I ja ne vidim, zašto...

– Slušajte, Kembel, slažete li se vi, da je Džoni sličan O'Keliju? Obojica su jednako bezlično-dragi, i tako pametni, i jednako se osmehuju. Evo, sedite ovde, sa strane, pogledajte.

Prav i nesavitljiv, Kembel je, kao Buda, sedao na tepih i ljutito gledao na Džonija. Ali Didi je bila u pravu: mops je bio isti O'Keli – kao dve kapi vode. Polako uzimajući zalet, kao da i u samom smehu vuče nekakav teret, Kembel se kikotao, smejao se sve jače i jače, Didi je govorila već o nečem drugom – a on nije mogao prestati.

Kembel je doznao, da u Džoniju ima nešto bajronovsko: u suštini, on je bio duboko razočarano stvorenje, pa se zato i osmehivao takvim osmehom. Pred Džonija je stavljana knjiga u povezu od belog safijana – jedna od retkih dragocenosti, koje Didi nikad nije zalagala – i Džoni je čitao, polako i tužno. Svetlost vatre iz kamina odražavala se na nameštaju – lampe još nisu bile upaljene; na podu su se beleli zaboravljeni papiri; prelivala se crvenim odblescima kvadratna brada Kembela. Džoni je čitao...

Kembel se trgnuo, ljutito skočio sa tepiha.

– Ja ipak moram objasniti O'Keliju zašto vi nećete da uzmete novac.

Bela knjiga letela je u ćošak, crna crta obrva odjednom je iskakala na dečačkom licu Didi – i Didi je vikala:

– Zato što sam ja – ja! – ja sam bila neverna Lojdu, razumete?! Zašto sam mu bila neverna? Zato što je bilo lepo vreme – i molim vas, kupite se sad sa svojim papirima! Džoni je deset puta pametniji od vas, on nikad ništa ne pita...

Ujutro, u kancelariji, Kembel se žalio – sa dečački uvređenom, napućenom usnom:

– Ona prosto ne sluša... Sve sa svojim mopsom...

O'Keli se osmehivao kao mops:

– Eh, vi... Kembelu jedan! Uveče da ste je doveli ovamo; sredićemo mi to već...

Veče je bilo veoma tiho. Uredno i lepo, radujući pogled, stajala su u vrtovima pred kućama ošišana na nulu stabla – redovi drvenih vojnika. Bio je, izgleda, neki praznik, ili neko naročito bogosluženje za decu: crkva Sent-Inoh je zvonila, zvona su se smenjivala sve na isti način – kao da su vrteli nekakvu ručicu – i u urednim redovima išla su ošišana deca sa belim kragnama.

Kembel i Didi su stali da propuste povorku. Prošao je i poslednji red u belim kragnama, i iza ugla se ukazao vikar Duli, u pratnji misis Duli i sekretara počasnih zvonara Mekintoša. Vikar je stupao kao vojskovođa, vodio je armiju u belim kragnama ka spasenju matematički-sigurnim putem. Lagano je prebirao prstima iza leđa – nabrojavao je nešto.

Kembel se osećao malo neprijatno: nije bio kod Dulija još od one nedelje i trebalo bi nešto... trebalo bi prići i javiti se...

– Izvinite... ja ću samo na trenutak... – Kembel je ostavio Didi kod crkvene ogradice i lagano se zakotrljao prema Duliju.

Široko rastavivši noge i zagledavši se u kvadratne cipele, Kembel se izvinjavao: strašno je zauzet kod advokata, nikako nije imao vremena... Kristalno je pobleskivao cviker misis Duli, vikar je bleštao zlatnim zubima i pogledao iskosa na Didi: ona je stajala kod ograde i igrala se Kembelovim štapom.

– Divno veče! – veselo je ustvrdio Kembel. Onda se stradalnički namrštio. Pauza...

Situaciju je spasao Mekintoš. On je bio poznat kao originalan i dubokomislen čovek. Tog časa on je pažljivo gledao nadole, pod noge:

– Uvek sam mislio: kako je velika stvar kultura. Pogledajte, na primer, trotoar. Ne, ne, razmislite malo o tome – trotoar!

I tog časa zvonki smeh – svi su se užasnuto okrenuli: smejala se ona mlada osoba sa Kembelovim štapom. Ta mlada osoba uvek je bila smešljiva; sada se naslanjala na štap i tresla se od smeha, tresli su joj se kratki uvojci...

Dalje, u stvari, nije bilo ništa naročito: prosto se misis Duli okrenula i pogledala na tu mladu osobu – ili, tačnije, ne na nju, već na crkvenu ogradicu na koju se naslonila osoba. Misis Duli je pogledala tako, kao da je ta osoba bila od stakla, savršeno prozirna.

Didi je pocrvenela, htela je nešto da kaže – što bi već, naravno, bilo krajnje neverovatno – ali je samo slegnula ramenima i brzo otišla nekud...

A onda je misis Duli ljubazno pružila ruku Kembelu – učinilo se da joj ruka drhti – ili je to, možda, drhtala Kembelova ruka.

– Do viđenja, mister Kembel. Nadamo se, da ćemo vas ipak skoro videti... – i misis Duli nastavila je u crkvu.

To je bilo nečuveno... Kembelu su gorele uši, potrčao je iz sve snage za Didi, ali ona kao da je u zemlju propala: nigde je nije bilo...

Uveče, po završetku službe, misis Duli je sedela sa vikarem u trpezariji i lupkala po poleđini knjige:

– Šta je sad sa vašim prinudnim spasenjem? Zar ne vidite, kuda ide Kembel? Ja bih na vašem mestu...

Vikar je izvio obrve u trougao: on zaista nije mogao prepoznati misis Duli – pa ona ranije nije pokazivala interes za njegov „Zavet spasenja". Vikar je trljao ruke: to je odličan znak, to je sjajno...

– U pravu ste, draga: treba se pozabaviti time. Sigurno, sigurno.

A u broju 72 kamin se punio pepelom, trzao se i svetlucao pod njim poslednji žar. Na tepihu je ležala Didi i sa njom porculanski mops Džoni. Bezlična njuška mopsa bila je sva mokra. Na pragu je stajao Kembel i mrštio se: došao je da kaže Didi, da je njeno ponašanje, u najmanju ruku, čudno. Ali sad nije nalazio reči, ili mu je smetalo nešto, steglo mu se nešto u grlu. Zapravo, to je baš glupo...

Kembel je opet pokušavao da konstruiše silogizam.

6. Lice kulturnog čoveka

Kao što je poznato, kulturni čovek bi morao, po mogućnosti, uopšte da nema lica. To jest, ne da ga sasvim nema, nego onako: lice – a kao da i nije, odnosno, da ne upada u oči, kao što ne upada u oči odelo sašiveno kod dobrog krojača. Ne treba ni govoriti, da lice kulturnog čoveka mora biti potpuno isto kao i kod drugih (kulturnih) i, naravno, ne bi se smelo menjati ni pod kakvim uslovima.

Prirodno, iste uslove moraju zadovoljavati i kuće, i drveće, i ulice, i nebo, i sve ostalo na svetu, da bi imalo tu čast da se naziva kulturnim i pristojnim. I zato, kad su prohladni i sivi dani prošli i odjednom nastupilo leto, i sunce zasjalo zaslepljujuće-jarko – ledi Kembel je bila šokirana.

– Ovo je već stvarno... Sam bog zna! – crvi ledi Kembel su se zamigoljili, poizvijali, ali neobuzdano, nekulturno sunce i dalje se cerilo na sva usta. Onda je ledi Kembel činila jedino što joj je ostalo: spuštala je sve žaluzine i vraćala primereniju i umereniju svetlost u sobe.

Ledi Kembel sa sinom imala je sada tri sobe: dve spavaće gore i trpezariju dole, sa prozorima na ulicu. Sada je sve bilo kako treba. Onaj slučaj sa automobilom ledi Kembel je shvatila kao očigledni primer milosrđa božijeg. Najzad, pa zna se da Bog ispravne ljude neće napustiti.

I evo – sad je sve kao što je red: i tepih, i kamin, i nad kaminom portret pokojnog ser-Harolda (ista ona Kembelova, kvadratna brada) i stočić od crvenog drveta kod prozora, i na stočiću vaza za nedeljne karanfile. U svim kućama na levoj strani ulice videle su se zelene vaze, a na desnoj – plave. Ledi Kembel je bila na desnoj strani, prema tome, vaza na stočiću je bila plava.

Ledi Kembel se trudila, koliko se moglo, da uspostavi onaj poredak, koji je bio kod pokojnog ser-Harolda. Od jutra je nosila korzet, na ručak je dolazila u večernjoj toaleti. Kupila je za pet šilinga mali bakarni gong, i pošto starica-domaćica nije umela da udara u gong, ledi Kembel je to uvek radila sama: skine gong sa zida u trpezariji, izađe u hodnik, udari u gong – i opet nazad u trpezariju. Čak i ako doručkuje sama – Kembel je u kancelariji – svejedno će udariti u gong: važno je da bude reda.

Na žalost, doručak i ručak nije posluživao lakej, već stara misis Tejlor, drhtava i drevna. I da bi to izgledalo barem imalo kako dolikuje, ledi Kembel je stala nagovarati staricu da ručak poslužuje u belim rukavicama.

– Šta je to sad, gospode? Sve pereš ruke, pereš, i sve im malo... – starica se uvredila i čak zaplakala, ali je za dva šilinga više mesečno pristala i na to.

Sad je sve bilo kao što je red, i ledi Kembel je pozvala O'Kelija na ručak; neka i on vidi sa kim ima posla. Trebalo je mnogo šta uraditi. Na stolu je stajalo cveće i flaše. Stara Tejlorka oprala je svoje bele rukavice. I samo taj O'Keli...

Teško je u to poverovati, ali O'Keli je došao na ručak – u običnom žaketu. Ceo ručak je bio pokvaren. Crvi ledi Kembel su se migoljili, komešali.

– Baš mi je milo, mister O'Keli, što ste došli tako odeveni. Uostalom, smoking vam ne ide najbolje uz lice...

O'Keli se smejao:

– O, ja imam visoko mišljenje o svom licu: ono je – jedinstveno bezlično, ali ono je jedinstveno, i to je glavno.

Mali i debeo, on je dahtao od vrućine, brisao je lice šarenom maramicom. Riđi pramenovi kose su se kostrešili, njegove četiri ruke neprestano su mahale, sos mu je kapao na prsluk i brbljao je neprekidno. Da, u suštini, i Vajld je takođe bio ružan, ali on je svoju ružnoću isticao – i svi su verovali da je lep. I onda: istaknuta ružnoća – i istaknuta poročnost – moraju kao rezultat dati harmoniju. Lepota je u harmoniji i stilu, pa čak i ako je to harmonija bezličnosti – isto kao lepote, harmonija poroka – isto kao vrlina...

Ali tu O'Keli opazi, kako je nevidljiva uzda trgnula žutu glavu ledi Kembel, a bledo-ružičasti crvi zloslutno su se uskomešali. O'Keli je zamukao – i bledo-ružičasti crvi takođe su se umirili. Govoriti u društvu o Vajldu!* I ako je ledi Kembel ovog puta poštedela O'Kelija, to je bilo isključivo zbog sina...

Stara Tejlorka drhtavim rukama u belim rukavicama poslužila je liker i kafu. Oko tog likera ledi Kem-

---

* Oskar Vajld je zbog neskrivene homoseksualnosti i skandaloznog ponašanja u svoje vreme bio preziran i proganjan. – prim. prev.

odloži popravak cipela na mesec dana. Najzad, bez likera se nikako nije moglo, isto kao bez gonga ili rukavica misis Tejlor...

Dva puta je ledi Kembel primicala liker O'Keliju – i dva puta je O'Keli sipao sebi škotski viski. Sve to zajedno – i crvena kosa, i liker, i razmahane ruke O'Kelija – strašno je nerviralo misis Kembel. Crvi ugrizoše:

– Vi ste baš originalni: prvi put vidim čoveka koji sa kafom pije viski.

„Originalan čovek" je za ledi Kembel bilo isto što i „nekulturan čovek", ali mister O'Keli je, očigledno, bio preveliki debelokožac. On je za trenutak veselo ućutao – on je čak i ćutao veselo – a onda je naglas pomislio:

– ... Na ovakvoj vrućini bilo bi najbolje ići u škotskoj suknjici.

Rekavši to, setio se i ispričao kako je sa jednim prijateljem Škotlanđaninom šetao po Parizu, i kako pariski dečaci na kraju nisu izdržali, ugrabili su trenutak i podigli Škotlanđaninovu suknjicu – da vide, ima li pod njom barem gaće, ili...

Ledi Kembel zaista više nije mogla. Razgnevljeno je ustala, prišla vratima i pozvala snežno-belu mačku Mili:

– Mili, idemo odavde... Mili, vi nemate ovde šta da tražite – šta ćete vi ovde – vaše mesto je u hodniku.

Ali pokvarenoj Mili, očigledno, dopadale su se O'Kelijeve priče – mjaukala je i negodovala. Ledi Kembel se sagnula – iskočile su lopatice, ključne i još neke kosti – sve one žice polomljenog kišobrana. Sa Mili pod miškom ledi Kembel je izašla iz sobe.

Veličanstvena i strašna u svom mumijskom dekolteu, ona se pojavila opet tek onda, kada je O'Keli zatoptao u predsoblju, tražeći štap (koji nije ni doneo). Zajedno sa O'Kelijem izašao je i Kembel.

Nebo je bilo bledo, ozbiljno, ugnuto, kao što biva u suton posle žarkog dana. Kembel se naježio, koliko od svežine, toliko i od neminovnog razgovora o onome šta se pristoji i šta se ne pristoji, koji ga sutra čeka sa ledi Kembel. Naježio se i ipak pošao zajedno sa O'Kelijem onamo – u broj 72. Najgore je, što je on u potpunosti delio mišljenje ledi Kembel: u nameštenim sobama misis Aunti sve je bilo nepristojno, sve je bilo – ne njegovo, bilo je neudobno i smetalo mu je, kao što bi smetao kamen nasred asfaltirane džesmondske ulice – a ipak je išao.

„Kad ide O'Keli... Treba ostati sa njim u dobrim odnosima...“ – umirivao je sebe Kembel.

U broju 72, po običaju, gorela je vatra u kaminu. Didi je sedela na tepihu ispred vatre: sušila je, posle kupanja, kovrdžavu, dečački kratku kosu. Po podu su bili razbacani listovi nekakvog pisma, a nad njima se osmehivao mops Džoni.

O'Keli samo što nije nagazio na listove – sagnuo se i podigao ih.

– Ne dirajte! – besno je uzviknula Didi. – Kažem vam, da ne dirate! Ne uzimajte to u ruke! – obrve su se sastale nad prekonosnicom, nestalo je dečačkog lica – ostalo je, tamno od besa, lice žene.

O'Keli je seo na nisku stoličicu i zatorokao:

– Ne valja vam to, devojčice, ne valja. Evo, baš nam je ledi Kembel objašnjavala, kako lice ispravnog čoveka mora biti nepromenljivo kao... kao večnost, kao britanski ustav. Uzgred, da li ste čuli, da parlament izglasava zakon, po kojem svi Britanci moraju imati noseve iste dužine? To nam je još jedini disonans, koji, naravno, moramo što pre otkloniti. A onda ćemo svi biti jednaki kao... kao dugmad, kao automobil „Ford“, kao deset hiljada primeraka „Tajmsa“. Da, da, to je grandiozno.

Didi se nije ni osmehnula. Čvrsto je držala list u ruci i čvrsto, kao spleteni prsti, bile su joj skupljene obrve.

Nije se osmehnuo ni Kembel: nešto je u njemu kipelo, kipelo, dizalo se – i evo, prešlo je rub – i on je ustao. Zakoračio je ka Didi i upitao, onakvim tonom, kakvog n i j e s m e l o biti:

– Kakvo je to pismo? Zašto niko ne sme ni da ga pipne? Pa to je – to je... – govorio je Kembel – i slušao sebe zapanjeno: to uopšte nije on – a ko je onda?

I isto tako je, za trenutak, bila zapanjena Didi. A onda su joj se obrve razdvojile, pala je na tepih i zacenila se od smeha:

– Oh, Kembel, pa vi ste... Džoni, mopsiću, znaš šta ima novo? Kembel se... Kembel...

7. Pokvareni upravljač

Najzad se i to završilo – poslovi oko razvoda – i na Didi više niko nije imao pravo, naravno, ne računajući porculanskog mopsa Džonija.

Događaj je proslavljen utroje – O'Keli, Didi i Kembel. Ručali su u posebnom salonu, pili su, O'Keli se penjao na stolicu i izgovarao zdravice, mahao mnoštvom ruku, bilo je veselo i vrtelo im se u glavi. Nije im se išlo kući – rešili su da odu na boks-meč.

Taksi je jurio mahnito – ili se barem tako činilo. U krivinama su se naginjali, i Kembel se nekoliko puta opekao o koleno Didi. Taksi je jurio...

– A znate – setio sam se nečeg Kembel – već nekoliko puta sam sanjao, kao da sam u automobilu, a upravljač – pokvaren. Automobil probija ograde, a najvažnije...

Šta je bilo najvažnije – to Kembel nije stigao da ispriča: ulazili su već u salu. Strma lepeza klupa bila je ispunjena do krova. Kembelu je opet bilo tesno i vruće, i opet se opekao, i kao da je još uvek jurio taksi.

„Nije trebalo toliko da pijem...“

– Hej, Kembel, šta ste se zamislili? – vikao je O'Keli. – Pogledajte tamo: seržant Smis, šampion Engleske. Jeste li čuli: Smis! Ma gledajte tamo, vi!

Bokseri su lagano izlazili iz dva suprotna ugla četvorougaonog podijuma. Smis – visok, svetlokos, sa sićušnom glavom – tako, neki malecki, nepotrebni ukras ogromnim ramenima. I Born iz Džesmonda, sa isturenom bradom – izgled okorelog ubice.

– Bravo, Born, bravo Džesmond! Bravo, seržant Smis!

Toptalo je, zviždalo, ključalo svih dvadeset redova klupa; okretala se i prelivala dvadeset puta obavijena zmija – i odjednom se ukočila podignute glave: sudija na podijumu skinuo je cilindar.

Sudija je, bacajući poglede ispod sede nadstrešnice obrva, objavljivao uslove borbe:

– Dame i gospodo! Dvadeset rundi po tri minuta i pola minuta odmora posle svake runde – prema pravilima markiza Kvinsberija.

Sudija je zazvonio. Smis i Born su lagano prilazili jedan drugom. Born je bio u crnim kupaćim pantalonama, Smis u plavim. Osmehnuli su se, rukovali – da pokažu, da će sve što bude, biti samo zabava kulturnih ljudi koji uvažavaju jedan drugog. I istog časa crni Born je isturio bradu i zaigrao oko Smisa.

– Napred, Džesmond! To je panč!* – povikali su odozgo kada je Born utisnuo crveni pečat na grudi šampiona Engleske.

Dvadesetoprstenasta zmija ovijala se tešnje, disala je brže, i Kembel je video kako se Didi vrpolji i nagi-

---

* Punch (engl.) – udarac *(prim. prev.)*

nje unapred – a i on sam se naginjao, zahvaćen prstenima zmije.

Sudija sa strehom obrva zazvonio je za prekid. Crni i plavi – obojica su se ispružili na stolicama, svaki u svom uglu. Široko otvorivši usta – kao ribe na suvom – hitali su da za pola minuta progutaju što više vazduha. Sekundanti su ih žurno prskali vodom i mahali peškirićima.

Pola minuta je prošlo. Borci su se ponovo dohvatili. Smis je uvrebao trenutak – i teška pesnica pogodi Borna u nos, odozdo nagore. Born sakri lice pod Smisovu mišku i zavrti se s njim – da se spase od novih udaraca. Iz Bornovog nosa tekla je krv, bojila plave Smisove pantalone, i vrtela su se i trzala dva gola tela. I sve grčevitije uvijala se zmija – da upije miris krvi, masa je toptala i divlje vikala.

– ... Cmokni ga ispod pazuha, Born – baš je ukusno mesto! – začuo se prodorni dečački glas.

Didi – rumena, uzbuđena – vukla je Kembela za rukav. Kembel je odvojio pogled od podijuma i pogledao u nju – sa raširenim nozdrvama i kvadratnom, okrutno isturenom bradom. To je bio neki novi Kembel, i Didi se učinila samoj sebi nekako mala. I...

– nešto je htela da kaže? – zaboravila je.

– Ma gledajte tamo! – kriknuo je O'Keli.

Meč se završavao. Born se zanosio pod udarcima, i lagano, lagano, noge su mu omekšavale, topio se kao vosak – i na kraju se zvučno stropoštao. Džesmond je bio pobeđen – Džesmond je vapio:

– Sudija! Udario je, kad je Born padao!

– Ua Smis! Sve smo videli!

Smis je stajao, zabacivši malenu glavu, i osmehivao se: čekao je, da se umire.

– ... I još se smeje! Kakva drskost! – Didi je gorela i drhtala. Okrenula se Kembelu i ubola ga nečim nežno-oštrim u lakat. – Da sam ja takva, kao vi – sad bih sišla dole i prebila bih ga!

Kembel za trenutak pogleda u oči Didi – i automobil je jurnuo bez kontrole.

– Dobro. Idem – pošao je ka ringu.

Bilo je to nepojmljivo, toga n i j e s m e l o biti, Kembel sâm nije verovao, ali nije mogao da se zaustavi: upravljač je bio pokvaren, pištalo je, jurilo i... da li se on zbog toga osećao strašno – ili prijatno?

– Slušajte, pa nisam... Kembel jeste li ludi? Pa zaustavite ga, O'Keli!

Ali O'Keli se samo smeškao ćutke, kao porculanski mops Džoni.

Sudija je objavio, da je mister Smis ljubazno pristao na pet rundi sa mister Kembelom iz Džesmonda. Na podijumu se pojavila ogromna, bela Kembelova telesina – Džesmond je oduševljeno zaklicao.

Mister Kembel iz Džesmonda bio je viši i teži od Smisa, ali ipak je od prve runde bilo jasno, da je njegov izlazak na ring bio pravo bezumlje. Jednako se osmehujući, Smis mu je zadavao udarce u bokove i u grudi tako da je pod kupolom odzvanjalo. Ali Kembel je stajao čvrsto, široko je postavio svoje noge kao stubove i tvrdoglavo isturio bradu.

– Slušajte, O'Keli, pa on će ga ubiti, pa to je užasno... – Didi je bledela ne odvajajući pogled, a O'Keli se samo ćutke osmehivao sveznajućim osmehom.

U trećoj rundi, sav u crvenim mrljama i krvi, Kembel se još držao na nogama. U tišini je nečiji glas viknuo odozgo:

– Ala ovaj ima njušku – k'o od gvožđa!

U sali smeh. Didi se negodujuće osvrnula, ali već je ponovo bila tišina: počinjala je četvrta runda. U toj rundi, na samom početku, Kembel je pao.

Didi je skočila sa široko otvorenim očima. Sudija je gledao ispod sede strehe od obrva i odbrojavao sekunde:

– Jedan, dva, tri, četiri...

U poslednjoj sekundi – devetoj – Kembel se tvrdoglavo podigao. Dobio je još jedan udarac – i sve je zalebdelo, i poslednje, što je video, bilo je bledo lice Didi.

Nejasno se sećao Kembel: nekud su ga vozili, Didi je plakala, O'Keli se smejao. Onda su ga nečim napojili, zaspao je – i probudio se usred noći. Mesec je sijao kroz prozor, a bezlični mops Džoni smeškao se na Kembela.

Soba Didi. Noć u sobi Didi... San? Onda lagano, kao kroz maglu, misao:

„Pa nisu me ni mogli odneti kući – ovakvog..."

Usta su mu bila suva, bio je strašno žedan.

– Didi! – tiho je pozvao Kembel.

Sa kauča se podigao lik u crnoj pidžami:

– Najzad ste se probudili! Kembel, mili, tako mi je drago, plašila sam se... Možete li mi oprostiti? – Didi je sela na krevet i uzela Kembelovu ruku u svoje male vrele šake. Mirisalo je na šeboj.

Kembel je zatvorio oči. Kembela je nestalo – ostala je samo ruka koju je držala Didi: u toj ruci, na nekoliko kvadratnih inča, sakupilo se sve što je bilo Kembel – i upijalo, upijalo, upijalo.

– Didi, išao sam tamo, zato što – zato što... – u grlu se stvorila grudva – tako teška – ne da se pomaći...

Didi se nagnula, ozbiljna, devojčica-majka:

– Baš ste smešni! Ja sve znam. Ne morate govoriti.

Ubola je Kembela dvema nežnim oštricama – brzo ga je kljunula u usne – i već je sve nestalo, ostao je samo miris šeboja, kakav biva kad je suša – oštar i slatkast.

Čitavu noć nasmešeni porculanski mops stražario je nad Kembelom i smetao mu da misli. Kembel se mrštio, rio po glavi. Tamo su, u kockastim kutijicama, bili razmešteni svi poznati predmeti, i u jednoj, najvažnijoj, zajedno su ležali Bog, britanska nacija, adresa krojača i buduća žena – buduća misis Kembel – nalik portretu Kembelove majke iz mladosti. To su bili upravo predmeti, neosporivi, čvrsti. A ovo, što se dešavalo sad – ni u jednu kutijicu nije ulazilo, i prema tome...

Ali upravljač je bio potpuno pokvaren: Kembela je nosilo i nosilo, preko „prema tome" i preko svega ostalog...

Kad se Kembel ujutro probudio, Didi u sobi nije bilo, ali mirisalo je na nju, i na stolici je ležala crna pidžama. Kembel je s naporom ustao, obukao svoj jučerašnji smoking. Dugo je gledao u pidžamu i odolevao, a onda je kleknuo, osvrnuo se na vrata i zaronio lice, u crnu svilu – šeboj.

Didi je došla sveža, žustra, sa mokrom raščupanom kosom.

– Didi, mislio sam svu noć... – Kembel je rastavio noge i čvrsto stajao. – Didi, vi morate biti moja žena.

– Mislite? Baš moram? – Didi se tresla od smeha.

– Pa, ako se mora... Lezite vi samo, doktor je rekao, da morate ostati u krevetu... Molim vas... Eto, tako...

8. Plavi i ružičasti

Meč je bio u subotu, a u ponedeljak Kembelovo ime već se našlo u „Džesmondskoj zvezdi":

„Neobičan slučaj
u Boksing-holu!
Bokser-aristokrata

Estrada, na kojoj smo još prošle nedelje posmatrali crnca Džonsa, prvi put je bila uveličana pojavom boksera iz visokoaristokratske, istina osiromašene porodice...

Mister Kembel (sin pokojnog H. D. Kembela) je sa zapanjujućom izdržljivošću podnosio gvozdene udarce Smisa, dok najzad u četvrtoj rundi nije pao kao žrtva svog nepromišljenog nastupa. Mister Kembel bio je iznesen u besvesnom stanju. Među Kembelovim pratiocima izdvajala se toaletom zvezda „Empajera" D***.

Tog dana je u Džesmondu bilo veoma živo. O vremenu se gotovo uopšte nije govorilo – svi su bili zaokupljeni Kembelom, govorilo se samo o skandalu sa Kembelom. Ljudi su se zaustavljali ispred kuće stare Tejlorove i zagledali u prozore Kembelovih, kao da očekuju neki znak, ali znaka nije bilo. Onda su navraćali do ledi Kembel i radosno joj iskazivali svoje saosećanje.

– Ah, kako je to strašno! Je li on stvarno tako teško stradao, da ga nisu mogli doneti ovamo?

Crvi misis Kembel su se uvijali.

– Jadna misis Kembel! Pa vi ne možete čak ni da ga obiđete! Jer, vi u onu kuću nećete ići, zar ne?

– A onda – ta žena! Draga misis Kembel, mi vas potpuno razumemo...

Crvi misis Kembel su se uvijali i pištali na tihoj vatri. Plavi i ružičasti su likovali; onda su se, ko zna zašto, motali oko kuće vikara Dulija – valjda su šestim čulom osećali da i ovde ima nečeg; a onda su išli do one kuće i strpljivo gledali u prozor sa spuštenom zavesom, ali ona se nije dizala...

Uostalom, plavi i ružičasti su grešili kad je u pitanju kuća vikara Dulija – ono, što se tamo događalo, bile su obične sitnice. Za prvim, jutarnjim doručkom misis Duli je čitala novine i slučajno prevrnula šolju kafe – što se svakome može desiti. Najgore je, što je stolnjak bio postavljen u subotu – a novi je, po rasporedu, trebalo biti tek sledeće subote. Tako da nije čudo, što je vikar bio loše raspoložen i pisao komentare na „Zavet spasenja“, a misis je sedela pored prozora i gledala crvene tramvaje. A onda je ona otišla u o n u kuću, pitala nešto kućevlasnicu i odmah se vratila – možda dobivši odgovor, da se uz mistera Kembela nalazi ona žena, ili da je misteru Kembelu mnogo bolje. Ali to su, naravno, samo pretpostavke – jedino je sigurno, da je ravno u četvrt do jedan misis Duli bila kod kuće i da je ravno u četvrt do jedan počeo drugi doručak; naravno, za doručkom je sve bilo normalno.

Sve se odvijalo po rasporedu, i uveče je kod vikara bio običan – kao i svakog ponedeljka – sastanak članova Korporacije počasnih zvonara parohije Sent-Inoh i redakcije parohijskog žurnala. Bilo je tu nekoliko plavih i ružičastih; bio je nezaobilazni Mekintoš u plavo-žuto-zelenoj suknjici; ledi Kembel nije došla.

Svi su sedeli kao na iglama, svima je na jeziku bio samo Kembel. Ali to kod vikara nije moglo proći: on je pred sobom imao raspored pitanja o kojima je trebalo raspraviti – ukupno sedamnaest tačaka – i on nije bio voljan nijedno da izostavi.

– Gospodo, molim za vašu pažnju. Najvažnije pitanje...

Bilo je to pitanje o povećanju čitanosti „Žurnala parohije Sent-Inoh“. Vikar je nabavio za magazin seriju „Pariskih avantura Arsena Lupena“. To će, svakako, povećati tiraž, ali sad treba prvo pokriti troškove, potrebni su im oglašivači i reklame, reklame, reklame.

– Mister Mekintoš, računamo na vašu pomoć!

Mister Mekintoš je trgovao damskim rubljem i imao odlične veze. On je brzo dao tri adrese i pokušavao da nađe još.

– Ah! – setio se. – A gumeni proizvodi Skribsa?

Vikar je podigao obrve: ovo je bilo ozbiljno pitanje.

– Mister Mekintoš, imajte u vidu da mi odgovaramo za kvalitet onoga što reklamiramo. „Žurnal parohije Sent-Inoh" ne može...

– O, za Skribsove proizvode ja garantujem – vatreno je rekao sekretar Korporacije počasnih zvonara. – Ja sam lično...

Ali vikar ga zaustavi lakim, lepršavim pokretom ruke, kakvim je u propovedima predstavljao uspeće pravedne duše u nebo. Skribsovi proizvodi su prihvaćeni; vikar je zapisivao adrese...

Kasno, kad je već više nisu očekivali, došla je i ledi Kembel. Kao i uvek, glava joj je bila zauzdana nevidljivom uzdom, i samo joj je lice bilo još više mumijsko, još vidljivije su štrčale kosti – skelet na vetru slomljenog kišobrana...

Kao ptice božje sletele na zrnevlje, plavi i ružičasti sjatili su se oko ledi Kembel – da čuju, šta je i kako je.

Crvi su ležali nepomični, ukrućeni – i najzad su se s mukom pomakli:

– Ja se samo pitam: šta bi na sve ovo rekao moj pokojni muž, ser Harold...

Podigla je oči uvis – ka obitavalištu Boga i ser-Harolda, i iz očiju joj kliznuše dve dopuštene pravilima lepog ponašanja suze, odmah ulovljene maramicom od batista.

Njene dve suze behu ispraćene sa poštovanjem i u dubokom ćutanju. Misis Duli je, postrance od svih, gužvala i gladila plavi koverat. Svi su ćutali: a i šta bi se tu moglo reći i kako pomoći?

I odjednom se podiže fudbalska glava Mekintoša: on je, kao i uvek, imao ideju.

– Gospodo, to je zaista teško – ali mi moramo zamoliti vikara da se žrtvuje. Svako, ko je slušao njegovu nadahnutu propoved u nedelju znaće, da bi samo kameno srce moglo... Gospodo, mi moramo zamoliti vikara da on sam ode u onu kuću, i ja sam siguran – mi smo sigurni...

– Sigurni smo! – prihvatiše plavi i ružičasti.

Pre nego što će odgovoriti, vikar napravi pauzu i obrisa nos, što je u njegovoj rubrici označavalo iskreno uzbuđenje. Dakle, ako je tako – on je uvek spreman na žrtvu. Ali ako i to ne pomogne – onda će se morati...

Misis Duli je gužvala i ispravljala uzanu kovertu, ježeći se – verovato zbog prehlade. Tã, svako zna da nije teško prehladiti se na vrućini...

A oko nje su odobravajuće klimali glavama plavi i ružičasti.

9. Pa dobro

Didi je ustala kasnije nego obično – već je prošlo podne, pevušila je nešto i češljala pred ogledalom neposlušne dečačke uvojke. Na sebi je imala najdražu crnu pidžamu: gorni deo sa izrezom do pojasa i ovlaš povezan izukrštanon vrpcom, a ispod nje – bledoružičasto. U toj pidžami i sa kratkom kosom ličila je na srednjovekovnog paža – zbog takvih su stroge dame lako zaboravljale svoje vitezove i tako spremno spuštale lestvice od užeta sa balkona.

U susednoj sobi prevrtao se po krevetu Kembel: treći dan kako je oslobođena soba pored Didi – i treći dan kako on živi ovde, ili, bolje rečeno, kako juri u pomahnitalom automobilu, juri bezglavo, kao u snu. Uostalom, uskoro će se sve to završiti. Još da zaradi samo tridesetak funti, pa će moći da zakupi jednu od hiljadu istovetnih kućica – i sve će opet biti na svom mestu.

– Mili moj Džoni – razgovarala je Didi sa porculanskim mopsom – nećeš se ljutiti na mene ako se malo udam? Pa znaš ti mene. Tako je, samo ti ćuti i smeškaj se, a sad...

U broj 72 neko je zakucao. Sigurno Nensi iz nove revue.

– Nensi? Uđite.

Vrata su škripnula, Didi je izašla iza zavese i ugledala – vikara Dulija. On je visoko podigao obrve u trouglove, ispustio negodujuće „ah!" i uzmakao nazad u hodnik.

– Ja se izvinjavam – mislio sam, već je prošlo podne i svi su... – on dohvati kvaku, ali i Didi odmah spusti ruku na nju.

– Ne, ne, molim vas, ništa se ne ustručavajte, samo vi uđite. To je moj uobičajeni jutarnji kostim – zar nije divan kroj? Tako sam puno slušala o vama – baš mi je drago, što ste...

Valjalo je žrtvovati se do kraja, i vikar je seo, nastojeći da ne gleda uobičajeni jutarnji kostim.

– Vidite... Mis?... Hm... Didi. Došao sam ovamo na molbu jedne nesrećne majke. Vi, naravno, ne znate šta znači imati dete...

– O, mister Duli, ali ja imam... Evo, moj najdraži Džoni, i ja ga strašno volim... – Didi je prinela mopsa trouglastim obrvama vikara Dulija. – Zar nije sladak? U-u, Džoni, osmehni se! Ne boj se, ne boj se – poljubi mister Dulija...

Džoni je pritisnuo svoj hladni osmeh na vikareve usne. I da li usled iznenađenja, ili zbog prirođene učtivosti, tek, vikar je odgovorio na porculanski poljubac Džonija.

– O, kako ste vi divni! – Didi je bila ushićena, ali vikar je imao o tome sasvim drugačije mišljenje. Skočio je sa negodovanjem:

– Ja ću doći kod vas, mis... misis... kad ne budete tako veselo raspoloženi. Uopšte mi nije do vaših...

– O, mister Duli, ali ja sam – na žalost – uvek veselo raspoložena.

– U tom slučaju...

Mister Duli se uputio u susednu sobu, do Kembela. Ovde je tle bilo plodnije. Kembel je saslušao govor mistera Dulija, mršteći čelo od napora i klimajući u znak slaganja. Uostalom, nije ni moglo biti drugačije: vikareve reči bile su sasvim logične, i on je vukao za sobom Kembela kao po šinama. Vikar je trijumfovao...

Ali na poslednjoj stanici kompozicija se odjednom poremetila – Kembel je skočio sa stolice:

– Mister Duli, molim vas da se ne izražavate tako o... o Didi, koja će postati moja žena.

– Že-žena?! – ali vikar se odmah pribrao. – Ali, mister Kembel, pa vi ste se sve vreme slagali sa mnom.

– Jeste, slagao sam se – mračno je potvrdio Kembel.

– Pa gde je tu logika?

– Logika? – Kembel se namrštio, prevukao rukom preko čela – i odjednom, oborivši glavu, pošao na vikara kao bik. – Da, moja žena! Rekao sam – moja žena... Da! I izvinite – ja... ja hoću da budem sam, da!

– A, tako? Pa dobro! – vikar je izašao sa visoko podignutim obrvama, saglasno rubrici „hladno negodovanje".

10. Električna pegla

Bio je već jun. Drveće u parkovima je, na žalost, izgubilo svoj pristojan, potkresan izgled: cvali su ole-

brinući o tome, da u deset sati pristojni ljudi idu na počinak. Pristojni ljudi su ljutito otvarali prozore i izvirivali u belim kapicama.

Uostalom, mora se priznati da su anarhični elementi postojali čak i u Džesmondu, i ti elementi su u potpunosti odobravali sve što se događalo. Uspevali su da izmaknu pažnji čuvara u parkovima i posle deset ostajali u žbunju da slušaju cvrkut ptica. Žbunje je intenzivno živelo čitave noći, šuškalo i šaputalo, a mesec je svu noć šetao nad parkom sa monoklom na oku i poglédao odozgo sa dobrodušnom ironijom porculanskog mopsa.

Sve to kao da je izazivalo neku neobičnu bolest – žbunje, i vrućina, i mesec, i oleandri – sve zajedno. Didi su spopale neke mušice, sama nije znala šta hoće i Kembel je bio na mukama.

– Vrućina je. Ne mogu... – Didi je otkopčavala još jedno dugme bluze i pred Kembelom su se ravnomerno ljuljali talasi: prvo beli – batistani, pa onda – bledoružičasti, i na kraju još jedni, bučni i crveni – u Kembelovoj glavi.

Kembel je pokušavao da privuče njenu pažnju:

– ... Znate, Didi, u jednom izlogu na King-stritu juče sam video električnu peglu. Takva stvar, a košta samo deset šilinga! Mislim, da bi već trebalo da mislimo na okućnicu.

Ali Didi je bila nezainteresovana. Da, izgleda da je bolesna...

Spuštala je zavese i legala u krevet.

– Pogledajte, Kembel, kao da imam temperaturu. Evo, tu, je l' nije tako? Ne, ne, malo dublje, ovamo... – stavljala je Kembelovu ruku.

I opet se čitav Kembel sažimao na nekoliko kvadratnih inča ruke i slušao, izdaleka, kako mu ravnomerno otkucava krv i pokušava da izbije napolje, još malo, i...

110

Ali Kembel je, hvala bogu, opet čvrsto uhvatio upravljač, i on odlučno kreće ka izlogu sa električnom peglom. Kembel vadi ruku.

– Da, izgleda da je temperatura. Nije to ništa – vrućina...

Na kaminu mops Džoni i u prozoru mesec sa monoklom smeškali su se istim osmehom. Kembel je ljutito ustajao i okretao Džonija njuškom prema zidu.

– Nemojte, molim vas... Bolje ga dajte meni – pružala je ruke Didi.

Mesec je zaranjao za lake batistane oblačke, tamneo i brzo se opet osmehivao, a u odgovor – menjalo se svaki čas i lice Didi, obrve su se spajale i opet razdvajale, razmišljala je, razmišljala... A, u stvari, šta ima tu da se misli? Sve je kvadratno-jasno u budućnosti: i malena kućica, i čisti beli prag, i vaza za nedeljne karanfile – plava ili zelena.

– Džoni, mali moj Džoni – grlila je Didi porculanskog kerića. – Poljubi me, Džoni. Tako... još, još!

Didi je ljubila mopsa, i on je bio sve topliji, oživljavao je. Gušila ga je svojim mirisom, suvim, slatkasto-oštrim šebojem. Zagnjurivala je podsmešljivu njušku Džonijevu u bele i ružičaste talase i nadevala mu razna imena.

A Kembel je sedeo ćutke, tvrdoglavo podmećući mesecu kamenu bradu – i bio tako nalik portretu pokojnog ser-Harolda.

O'Keli je sada retko navraćao, a ako je i navraćao onda uvek isti: neispavan, neuredan, i pakostan i veseo. Kembel bi mu ozbiljno pričao:

– Već imam dvadeset funti. Još trideset – i onda ćemo moći da kupimo sav nameštaj...

– A bez nameštaja ne ide? – O'Keli se ironično smeškao.

– Naravno da ne ide – nepokolebljivo-ozbiljno odgovarao je Kembel. – I šta tu ima smešno? Sve je savršeno logično.

– E, moj prijatelju, na logici treba jahati vešto, inače ona može tako da te tresne o zemlju...

I tu je O'Keli – bogzna zašto – počinjao priču o svojoj tetki Ajv, koja je pod starost pomerila pameću i počela da se plaši vode – kao, da ne popije neki bacil u njoj. Bacil nije popila, ali joj je nepijenje vrlo brzo došlo glave.

Pomalo bi Didi, počinjala da sluša, lagano su se razmicale obrve, polako se budio smešljivi paž. O'Keli je prišao kaminu i uzeo mopsa Džonija.

– Kako nas dvojica ličimo, a? Gledajući u njega – mogao bih da se brijem bez ogledala...

Obrve su se sasvim razdvajale i Didi se smejala.

– To je prosto genijalno – ako ste sami smislili. Hajde, priznajte: jeste li sami ili niste? Priznajte! – tresla je O'Kelija. Njegova glava se klimala, iz džepova su mu ispadali zamotuljci.

– Aha, pistacije! Aha, ostrige! A šampanjac?

Bio je i šampanjac. I na zelenom tepihu priređivan je veseli piknik. O'Keli je trpao u sebe ostrige i zalivao ih Englezima. Eh, ti Englezi!

– ... Pravedni kao... kao ostrige i ozbiljni – kao gumene čizme. Bože moj – Englezi! Ja bih sve vas Engleze kao limun – evo ovako, ovako... Aha, uplašili ste se?

Oprezno su se otvarala vrata i pojavljivala se Nensi. Ona je bila napola Irkinja, i zato ju je O'Keli pozdravljao naročito srdačno. A osim toga, ona...

Ona je bila odevena samo u nežno-ružičastu košulju i sa frotirskim peškirom u ruci obilazila je – sa najnevinijim izrazom lica – sve sobe i upozoravala stanare:

– Molim vas, ne izlazite u hodnik – ja idem da se kupam...

To je bilo sjajno – smejao se čak i Kembel. A on se smejao na poseban način: svi su već prestali, i samo se on seti i opet počne da tutnji teretnjak, ne možeš ga zaustaviti nikako.

Umotavši se u peškir, Nensi je pristajala da pre kupanja učestvuje u pikniku. Penio se i prelivao preko rubova O'Keli. Didi je tresla kratkim uvojcima – veseli dečak, i pućila usne da pokaže kako je vikar Duli poljubio mopsa.

I opet – svi su već zaboravili, zaćutali, a Kembel se seti i prasne u smeh. I već sam u svojoj sobi, već su se svi razišli, a on se seti i smeje se.

Sve je utihnulo. Sparna noć pokrila je preko glave kao jorgan, i ne može se disati. Ko će sad zaspati...

Didi je uzimala sa komode hladnog mopsa. Ljubila ga je sve dok ne bi oživeo, otoplio. A Kembel je sanjao električnu peglu: ogromnu i blistavu, kako puzi i glača sve, i ne ostaje ništa – ni kuća, ni drveće, samo nešto ravno i glatko kao ogledalo.

I Kembel je ushićeno mislio:

„Takva stvar – a samo deset šilinga!...“

11. Prevruće

Vikar Duli nije propuštao nijednu priliku da utuvi u džesmondske glave svoj „Zavet“. U subotu je govorio na mitingu Vojske spasa. Ako država i dalje bude ustrajavala u svojoj tvrdoglavosti, onda mi – mi, svako od nas – moramo terati svoje bližnje na put spasenja, moramo ih terati kao stado, kao robove! Bolje je da budu robovi gospoda, nego slobodni sinovi satane...

Govor je bio potresan i džesmondska sekcija Vojske spasa rešila je da se koliko sutra prihvati posla.

Sutra je bila nedelja – sunčana, vrela, bleštava. U pola devet ujutro Vojska spasa krenula je iz svog štaba. Sa zastavama, himnama, lupom bubnjeva, čvrstim vojničkim korakom dvesta ratnika Vojske spasa promaršralo je kroz grad. I kod svakih vrata visoka, stroga žena-oficir, u plavoj kapi sa naušnicama, zaustavljala se i lupala zvekirom:

– Gospodin Hristos vas zove u crkvu!

– Helou! Gospodin Hristos vas zove... Helou, helou! – udarala je po vratima sve dok se unutra ne bi probudili i počeli izvirivati zapanjenih lica.

Crkva Sent-Inoh bila je prepuna. Vikar se vratio kući srećan i umoran. Za njim je s poštovanjem stupao sekretar Korporacije počasnih zvonara Mekintoš, ushićeno klimajući glavom: kakva krasnorečivost, kakva energija!

– Dakle, dragi moj Mekintoš, danas je – vaš red! – opraštao se vikar sa njim. – To je teška dužnost, ali to je dužnost.

Mister Mekintoš je pošao u šetnju. Izabrao je za šetnju ne naročito živopisno mesto – ulicu u kojoj su bile nameštene sobe misis Aunti. Očigledno, ponekad su mu čudne stvari padale na um.

A vikar je posle doručka zaseo u naslonjač. Bilo je strašno vruće. Kroz gornja brušena stakla prozora u sobu su pljuštali deseci malenih odraženih sunaca. Vikar je bio zadovoljan: pogodna, portabl, ne suviše jarka sunca. Sedeći je zadremao, ali to je bilo u nedeljnom rasporedu. Lice mu je i u snu imalo učtiv i kulturan izraz: sve je bilo spremno, da se svakog časa otvore oči i kaže: lepo vreme, zar ne?

Vojska spasa, naravno, nije zaobišla ni umetnički nameštene sobe misis Aunti: trgla je njihove stanare iz najlepšeg sna. Neispavani stanari su bučnije nego što je bilo potrebno zatvarali vrata i bučnije nego što je bilo potrebno pljuskali se u kupatilima.

Didi je došla na doručak skupljenih obrva. Za doručkom je sa nekim čuđenjem, kao da ga vidi prvi put, pažljivo gledala u Kembela, mada je on bio isti kao uvek – ogroman, čvrst, nepokolebljiv.

Da bi se što pre dokopao onih trideset funti, Kembel je sad nosio posao kući. Odmah posle kafe on je raskopčao manžete i pošao u svoju sobu da radi.

Skupljenih obrva, Didi je sedela pored njega i milovala mopsa. Sunce se podiglo i nametljivo kucalo na prozor. Kembel je ustao i spustio zavese.

– Ali ja hoću sunca! – skočila je Didi.

– Ali, draga moja, pa znate da ja radim samo zato da bismo mogli što pre da kupimo nameštaj, i...

Didi je odjednom prasnula u smeh ne saslušavši do kraja i otišla u svoju sobu. Stavila je mopsa na kamin i pogledala u očaravajuće-bezličnu njušku.

– Šta ti misliš, Džoni?

Džoni je, očigledno, mislio isto. Didi je počela žurno nameštati šešir...

A posle deset minuta – uzbuđen zbog blistavog uspeha svoje šetnje – Mekintoš je stajao pred misis Duli.

– Treba da odemo u Sendi-bej – Mekintoš je zagonetno naglasio ono „treba".

Cviker misis Duli je na trenutak blesnuo nekristalnim sjajem:

– Jeste li... jeste li sigurni?

Mister Mekintoš je samo uvređeno slegnuo ramenima i pogledao na sat:

– Za sedam minuta polazi voz.

Misis Duli je u žurbi zakačila rukavom cviker i on se omače. Misis Duli ga bolje namesti i ponovo postade misis Duli. Sad su mogli krenuti.

... Nije bilo spasa od sunca ni u Sendi-beju: zaslepljivalo je: krv je ključala, udarali su i kipeli beli od pene talasi.

O'Keli i Didi ležali su na vrućem pesku. Verovatno, od sunca – Didi je kucala krv u slepoočnicama i, verovatno, od sunca – O'Keli je s mukom pronalazio reči.

– Prevruće je. Idemo u vodu – Didi je ustala.

Bledožuti od vreline peska. Jaspisno-zeleni, sa belim porubom od pene, siktavi talasi. Na talasima glave u narandžastim, ružičastim, ljubičastim kapama. Prigušeni talasima sunce i smeh.

Voda je osvežavala, Didi se nije izlazilo iz vode, i ona je govorila sebi:

„Samo još malo – i onda idemo kući...“

Ali talasi su je nosili dalje. Naletali su, okretali je, držali je, i bilo je tako prijatno ne odupirati se, ne misliti, predati se...

Nad vodom se videla samo glava O'Kelija – bezlična, osmehnuta glava mopsa. Vikao je nešto što se od talasa nije dobro čulo:

– ... cele noći... Dobro?

Didi – da li je čula ili ne? – klimala je glavom...

Kada su kasnije ušli u kafe na doručak, O'Keli za jednim od stolića ugleda misis Duli i pored nje fudbalsku, dubokomislenu glavu Mekintoša. O'Keli priđe:

– Vi? Otkud vi ovde? Baš mi je drago, misis Duli, što vidim da se još niste sasvim ukrečili.

– Ukrečila?

– Da, baš sam o tome pričao... svojoj dami. Kroz nekoliko godina će putnici u Engleskoj zateći samo ukrečene, nepomične ljude, stvrdnuti kreč u obliku drveća, pasa, oblaka... Ako ne bude neki zemljotres ili tako nešto.

Cviker misis Duli je blistao hladnim sjajem. Ona podsmešljivo pogleda na neobičan zamotuljak sa ručkom kojim je O'Keli mahao govoreći.

– Je li to onaj čuveni kofer na naduvavanje, mister O'Keli?

O'Keli se nakratko zbunio – na četvrt sekunde.

– O, pa znate da pravi lovac nikud ne ide bez puške. Eto, i ja, iz navike... Znači, u pet? Nadam se, da ćemo se videti u vozu, ako ne zakasnim.

O'Kelijeva zaboravnost je dobro poznata: na voz u pet O'Keli je, naravno, zakasnio.

12. Kembelov rođendan

Temepratura je naglo pala, spustila se mlečna, mokra magla. Noću su spolja, o prozorsku dasku, lupkale kapi, jasno i ravnomerno kao sat koji otkucava nečije vreme.

I kad je vreme došlo – a to je bilo upravo na Kembelov rođendan – stiglo je pismo u uskoj, hladno-plavoj koverti. Pismo je bilo bez potpisa.

„Poštovani Gospodine, kao Vaši prijatelji, ne možemo da Vas ne upozorimo, da Vama poznati mister K. i misis D. zloupotrebljavaju Vaše poverenje, u šta ćete Vi još imati prilike da se uverite."

Plavičasta uzana koverta bila je nekako poznata i, razmislivši malo, Kembel se setio. Sve je bilo prosto i jasno, i Kembel je bio čvrsto ubeđen da je u pitanju čista izmišljotina.

Pa ipak, na putu u kancelariju osećao se nekako neprijatno, kao da je ispio šolju čaja i na dnu našao muvu; muvu je izbacio, ali opet... A možda je sve to zbog magle: gusta kao vata, i čudno zvuče umotani u nju koraci – kao da neko ide iza...

U kancelariji je O'Keli dočekao Kembela bučno i veselo bio je još glasniji i razdraganiji nego obično. Pokazalo se, da O'Keli nije zaboravio, da danas nije običan dan, nego Kembelov rođendan, i spremao mu je nekakav poklon, a kakav, to će se videti uveče. I onda Sesili – sa osmehom uskršnjeg jagnjeta dala je Kembelu buket belih ljiljana. Kembel je bio dirnut.

A kad se vratio kući, čekao ga je još jedan poklon: Didi je sama – sama! – predložila da obiđu prodavnice i počnu sa kupovinom za kuću. I Kembelova muva je nestala bez traga.

– Pegla... – zablistao je Kembel. – Prvo ćemo peglu, a posle...

– Pegla je teška, bolje da je kupimo na kraju, da je ne vučemo sve vreme – razložno je rekla Didi.

Ali Kembel je bio uporan, pa su prvo kupili peglu, i Kembel ju je srećan nosio, i uopšte mu nije bila teška – laka, kao pero, časna reč!

Palila su se svetla, gusnula je magla. Bio je Kembelov rođendan – pravi rođendan, počinjao je njegov novi život. I Džesmond je u magli bio nov – neviđen i nepoznat grad. Neobično i veselo odzvanjali su koraci – kao da je neko išao iza...

Kembel je bespogovorno hteo da kupi rublje za Didi. Ona se nećkala, ali Kembel nije hteo ni da čuje – pa, danas mu je rođendan.

– Za vašu ženu?

– Ne... odnosno... – Kembel se zbunjeno osmehivao prodavcu.

Prozirne, svilene – telo je kroz njih nežno-ružičasto – košulje i pantalone. Osećao je radostan stid što kupuje i razgleda sve to zajedno sa njom, sa Didi. Sa svakim novim kupljenim predmetom Didi je sve više postajala njegova žena. Kembelu su uši gorele i on opazi kako Didi krije lice. Kembel se nasmejao.

– Didi, budite hrabri – pogledajte me... – hteo je da vidi i kod nje taj slatki stid. Ali Didi ipak nije pokazala lice.

Uveče je došao O'Keli sa gomilom zamotuljaka i sa mis Sesili.

– ... Da sve bude kao u Nojevom kovčegu – objasnio je O'Keli. Okrenuo se prema kaminu – i pljesnuo rukama: na kaminu, pored mopsa Džonija, kočoperila se blistava pegla. – I baš pored Džonija? On sa prekorom pogleda Didi.

Onda se okrenuo Kembelu:

– Znači, rešeno je: „tvoj sam, zanavek" – je l' tako, Kembel? Što se mene tiče, ja mora da sam prosto glup: nikako ne razumem, kako se može jednu te istu voleti svaki dan – kako se može istu knjigu čitati svakog dana? Ako ništa drugo, čovek tako na kraju postane nepismen...

Na Didi je šampanjac te večeri delovao neobično – sedela je za stolom, kidala iz nekog bloka listiće na linije i cepala ih na sitne komade. Sesili je bila rumena od vina i natezala se sa O'Kelijem oko četvrtog dugmeta: tri dugmeta na bluzi mu je dozvolila da otkopča, ali četvrto...

– Ne, to je nepristojno – sa ozbiljnim i nevinim licem uskršnjeg jagnjeta govorila je Sesili.

– Ali zašto je baš četvrto nepristojno? – smejao se O'Keli. – Kako prva tri nije bilo?

Didi je još uvek cepala listiće. O'Keli joj uze blok i zamoli za tišinu. Glavno, na šta bi on hteo da obrati pažnju prisutnima, to su listovi na linije. Na takvim listovima svi u Džesmondu pišu svoja pisma, i to je dobro, pošto su linije – isto što i šine, a misao Džesmonda se mora kretati upravo po šinama i u skladu sa strogim rasporedom. Životna mudrost je u brojevima, i zato on pozdravlja moral od tri dugmeta obožavane Sesili. I pošto je on, O'Keli, bio zmija koja je navela Kembela da siđe sa šina parohije Sent-Inoh, onda...

O'Keli je izvadio ček na pedeset funti i pružio ga Kembelu.

– ... Da biste već sutra mogli kupiti sve svoje preostale pegle...

I pošto se Kembel ustezao, O'Keli je dodao:

– Razume se, to je samo pozajmica. I ja tražim da mi još danas – odmah – napišete priznanicu. Pa?

To je bilo fantastično: znači – već sutra... Kembelu su drhtale ruke, i podrhtavao glas:

– Ja ne umem da govorim kao vi, O'Keli... Ali vi znate... Vi ste moj jedini prijatelj, koji... jedini...

I tada – što je bilo bez ikakvog smisla – Didi se nasmejala – i sve jače i jače – odjednom izgubila glas – i onda kroz suze:

– Ne smete uzeti, Kembel! Ne smete uzeti novac od njega! Ne smete, neću da uzmete, neću!

Uostalom, ona se brzo umirila i prestala. To je sigurno bio samo jedan od njenih hirova – na kraju, nije mogla da kaže nijedan razlog, zašto ne želi da Kembel uzme novac od O'Kelija.

– Eto vidite – vaš šampanjac – Kembel je prekorno-nežno rekao O'Keliju. O'Keli je odlazio sa uskršnjim jagnjetom Sesili pod ruku.

Kembelov rođendan je prošao, a sutra počinje novi život: sutra će krenuti da traži malu kućicu.

13. Magloviti događaji

Didi je opet obećala da će svratiti kod mister-O'Kelija iz pozorišta, i O'Keli je jurio od jedne cvećare do druge tražeći Easter Lylies: Didi ih je tako volela. Neobičan, porculansko-beli cvet, sastavljen od jedne ogromne nemarno savijene latice, i isturene žaoke-prašnika sa suvim, slatkim, teškim mirisom. U asimetriji cveta i protivrečnosti porculanske beline i mirisa bilo je nešto razdražujuće, kako bi to O'Keli rekao. Ukratko – Easter Lylies su se dopadale Didi, i trebalo ih je naći po svaku cenu. Njihova sezona je već bila na izmaku i tek na Kings-stritu O'Keli je našao poslednje, već malo uvele, od požutelog starog porculana.

Sa buketom ispod miške, zviždućući, izjurio je O'Keli iz prodavnice. Misli su mu se veselo penile kao šampanjac, i iz iskričave pene, kao Venera, izlazila je Didi u crnoj pidžami.

„Uostalom, današnja Venera bi i morala da bude takva – u pidžami. Nagost je suviše naivna..." – zviždućući, mislio je O'Keli.

– Dobro veče, dragi mister O'Keli! Zar nije danas lepo vreme?

O'Keli se spotakao: pred njim su sijali zlatni zubi vikara Dulija.

– Sigurno idete u kancelariju? – jedva primetno osmehnuo se Duli.

– Da... a zašto baš u kancelariju? – O'Keli se malo zbunio: niko nije znao, šta se dešava uveče u kancelariji, i bilo je vrlo čudno, što Duli... – Nisam baš toliko vredan, da radim i uveče... – neusiljeno se nasmejao O'Keli.

– Aha. Tako. Dobro, onda... – Duli je podigao svoj tanjirasti, pastorski šešir. I O'Keli je opet veselo pohitao, držeći pod miškom buket.

Kad je O'Keli stigao na Haj-strit, već se smračilo. U bezbrojnim tesnim uličicama između starih kuća već su se palili, ljuljali fenjeri. Sa reke se dizala magla, sve je gubilo svoj dnevni izgled i život je postajao lakši – lakše je bilo prevariti se. U kovačnici je grmelo gvožđe, fenjeri su se crvenkasto dimili, i moglo se zamisliti kako se dole, kraj reke, skupljaju oko vatre oklopnici Olivera Kromvela. I kako je onaj tamni lik – prelepi i nesrećni Ričio, koji se uputio do Marije Stjuart... O'Keli se zamislio, stojeći, sa rukama u džepovima.

Ali uto se Ričio okrenuo, i O'Keliju se učini da je na njemu tanjirasti sveštenički šešir. Kakav čudan susret – ili je to ipak magla? O'Keli je brzo stao pred izlog antikvarnice i usiljeno se zagledao u pozeleneli bakarni zvekir – nakaznu pseće-ljudsku glavu. A onda je oprezno prešao na drugu stranu ulice i krenuo za Ričiom.

Da, to je bio on: uštogljena figura, složene ruke na leđima i prsti koji kao da nešto odbrojavaju. To je bio Duli, a ulica Obućara Džona bila je prilično čudno mesto za šetnju gospodina vikara...

Kada se O'Keli posle nekog vremena ponovo našao pred ulicom Obućara Džona, magla se već razišla i videlo se da nema nikog. Na bočna, gvožđem okovana vrata O'Keli je ušao u kuću.

O'Keli je uz kancelariju imao malu zasvođenu sobu sa prozorom na ulicu; prozor je bio star, uzan – puškarnica sa rešetkom. Sad se ta soba nije mogla prepoznati: stari, izbledeli gobleni po zidovima, dva ukrasna gvozdena fenjera – iz antikvarnice preko puta, veoma nizak – četvrt aršina od poda – turski divan duž celog zida. I neuhvatljivi, treperavi plamičci u kaminu, i Didi ispred vatre – u svojoj crnoj pidžami, tako privlačna.

Tako je lepo ležati prikovana uz zlatnu igru plamena, ispijati peckavo vino i slušati – i ne slušati – peckave reči O'Kelija.

– ... Devojčice moja, pa ja baš to i hoću, da vi, udomivši se sa peglama i Kembelom, budete nesrećni. Sreća je jedan od najudebljavajućih faktora, a vama pristaje da budete baš takav jedan mršav, ošišan dečko...

O'Kelijeva ruka dodirivala ju je tako nežno, i odnekud izdaleka, umorno, Didi je gledala kapriciozno-protivrečne Easter Lylies i slušala svoj glas:

– Ali to je tako okrutno – varati Kembela. On je jedno veliko dete...

– Okrutno? – smejao se O'Keli. – Okrutno je govoriti deci istinu. Ako me išta može uveriti u milosrđe božije – onda je to upravo bogomdana laž, upravo to, što...

O'Keli nije dovršio: učinilo mu se, da je zaškripala brava bočnih vrata, u ulici Obućara Džona, a onda i nečiji koraci na kamenom stepeništu. Mada, O'Keli se dobro sećao da je zaključao ta vrata – to mora da je po staroj kući lutao duh obućara Džona.

– ... Ne bi me čudilo, da stari Džon svrati ovamo... – proteglio se O'Keli. – Danas je od magle sve tako fantastično...

Didi je otišla u pozorište i rekla Kembelu, da iz pozorišta mora da svrati negde. Kembel je sedeo sam, ne paleći svetlo. Iza prozora su padale kapi, jasno i ravnomerno kao sat. Kada se sasvim smrklo došla je stara Tejlorka i donela pismo od ledi Kembel: ledi Kembel je molila sina da obavezno dođe večeras. To je sigurno zbog davno očekivanog pomirenja. Sve je bilo da ne može biti bolje. Kembel se brzo obukao i pošao.

Očigledno – ledi Kembel je nameravala da ratifikaciju mirovnog ugovora obavi veoma svečano: trpezarija je bila jarko osvetljena, a za stolom Kembel ugleda misis Duli, vikara koji je trljao ruke i fudbalskoglavog Mekintoša. Kembel je radosno prišao ledi Kembel, ali nevidljiva uzda trgnula je njenu glavu naviše, ona je napravila veličanstveni gest rukom i surovo pokazala Kembelu na stolicu:

– Sedite... – Poćutala je i digla pogled ka portretu ser-Harolda sa perikom i mantijom. – Bože moj, šta bi rekao vaš pokojni otac, ser Harold...

Više nije mogla da govori; za nju je govorio vikar, a i ko bi bolje od njega umeo sve reći kako treba:

– Dragi mister Kembel! Pozvali smo vas, zato što vas volimo, jer je Hristos rekao da treba voleti i grešnike. Ali prinuđeni smo da pribegnemo krajnjim merama, kako bismo vas vratili na pravi put. I zato ćete vi sada poći sa mnom i mister Mekintošem... – i, primetivši da Kembel hoće nešto da kaže, brzo je dodao: – Ako ni zbog čega drugog, onda zbog vaše majke – pogledajte je!...

Ledi Kembel je molitveno gledala u portret pokojnog ser-Harolda, a iz očiju joj krenuše dve mršave suze – to je bilo najviše, što je mogla sebi da dopusti u okvirima pristojnosti. Pored nje je sedela i podrhtavala kao u groznici misis Duli, ne dižući pogled.

Kembel je mirno rekao:

– Dobro, idemo... – Naravno, ovo je opet bila neka gnusna podvala kao i ono pismo u plavoj koverti, i trebalo je jednom zauvek raščistiti s tim.

Ulice su bile puste. Vetar je opet duvao sa reke, terao maglu, obavijao krovove, i zidovi su se dizali uvis, u samo nebo. Uskoro je Kembel shvatio da idu u O'Kelijevu kancelariju. Klanac od zidova je bio sve tešnji i pritiskao ga je i ničeg na svetu nije bilo osim zidova do neba, i nije se moglo pobeći iz njih, moglo se samo ići kao u snu. I kao u snu, Kembel je ne znajući znao šta ga čeka na kraju puta.

Zaustavili su se u ulici Obućara Džona, pred okovanim vratima. Gore je kroz uzanu puškarnicu sijalo svetlo.

– Pa? vikar je pogledao Kembela, pobednički trljajući ruke.

Kembel je kao slepac naleteo na zatvorena vrata.

– Zaključano je... – bespomoćno se okrenuo. Tvrdoglava kvadratna brada je poskakivala.

– O, bez brige, nabavili smo ključ... – iskočila je iz mraka fudbalska glava. Ključ je bio ogroman, nezgrapan. – Oni francuski ključevi – to je prava kultura. Francuski ključ se ne može tek ovako... – brbljao je Mekintoš.

Čulo se, kako je Kembel napravio dva koraka uz stepenice – i stao. A onda su njegovi koraci zagrmeli po stepeništu, slivajući se u jedan: Kembel je jurio gore. Onda se začuo zvuk otvaranja vrata, trenutak tišine – i Kembel je već grmeo nazad, ne razabirući put, tutnjeći je projurio pored vikara nekud dole, kao ogromni pomahnitali teretnjak bez vozača.

14. Votermanovo nalivpero

Ujutro se Kembel, kao i uvek, pažljivo izbrijao i stavio čistu kragnu. U ogledalu je sa čuđenjem primetio da je isti kao i uvek, možda su mu samo sitne slonovske oči postale nešto veće: preko noći se pod njima stvorila tamna senka.

U trpezariji je uzeo novine i mehanički počeo pregledati oglase o izdavanju kuća – kao što je to radio poslednjih dana. Uhvatio je sebe u tome, osmehnuo se, odložio novine. Popio je, kao i obično, dve šolje kafe. Mazao je kriške hleba maslacem, ali ih nije jeo, nego samo slagao na tanjir. I kad je primetio pred sobom celu gomilu namazanog hleba – zbunio se i otišao.

Bilo je već vreme da krene u kancelariju, ali Kembel se vrati nazad u spavaću sobu. Zaključao se; treba još jednom promisliti o svemu i rešiti šta sad. Ali svi točkići u glavi bili su mrtvi i nepokretni, i umesto misli bilo je samo jedno: do boli jasna crno-ružičasta vrpca na n j e n i m grudima – i smešne, krive i tanke n j e g o v e noge.

Kada je zazvonilo za doručak, Kembel se trgnuo i shvatio da se više nema šta i o čemu misliti. Sve je već rešeno, on je koračao između visokih – do neba – kamenih zidova, i nikud se ne može skrenuti, može se samo ići napred, do kraja puta.

Kembel je izvukao ladicu pisaćeg stola i izvadio stari očev revolver sa šiljatim mecima. Zatim je napisao na ime ledi Kembel ček na trideset funti, koliko je imao u banci, pocepao O'Kelijev ček na pedeset funti – i tada je primetio: pero, kojim je pisao, bilo je O'Kelijevo pero – očigledno, O'Keli ga je zaboravio na Kembelov rođendan. Bilo je to obično Votermanovo nalivpero – „Waterman's Fountain Pen" – i sada ga je, naravno, trebalo vratiti O'Keliju.

Kembel se namrštio – sve ostalo je bilo rešeno i jasno, ali sad je sve postajalo mnogo teže – sa Votermanovim nalivperom. Trebalo ga je vratiti i nešto reći pritom, i to je strašno usložnjavalo stvar. Kembel je stavio nalivpero u isti džep gde je bio revolver, i celim putem mislio o njemu – kako bi to izveo...

I tako je, zabrinut i namršten, ušao u kabinet O'Kelija.

O'Keli je sedeo u svom kabinetu za papirima isto kao i juče, ali ipak je na njemu bilo nešto sasvim novo. Kembel se zagledao u njega i otkrio – O'Keli se nije osmehivao. To je bilo isto tako neverovatno, kao kad bi odjednom prestao da se osmehuje porculanski mops Džoni. Ovo nije bio O'Keli...

Kembel je zbunjeno gurnuo ruku u džep, izvadio nalivpero i stavio ga na sto:

– Evo... vaše pero. Zaboravili ste ga, pa da vratim...

O'Keli se izbečio zaprepašćeno gledajući čas na Votermanovo nalivpero, čas na zbunjenog Kembela. Onda je pocrveneo, nakoliko trenutaka se punio smehom – i pukao:

– Moj bože... Nalivpero! Kembel, pa vi ste – vi ste – jedinstveni...

Sad je to bio o n a j   p r a v i, sad je to bio O'Keli. Kembel je bez oklevanja izvadio revolver i ispalio nekud tri metka. O'Keli se lagano naginjao napred, dok nije zario lice u papire.

Kembel nije čuo ni O'Kelijev krik, ni krik četiri njegove žene. Stavio je šešir, izašao na ulicu i osetio da je strašno umoran, nikad u životu nije bio toliko umoran. Izašao je na Haj-strit i prišao dremljivom bobiju:

– Ubio sam mister O'Kelija, advokata. Molim vas, odvedite me što pre – strašno sam umoran.

Policajac je zinuo i svim svojim bićem i izrazom lica tako očigledno pomislio: „ludak", da je Kembel dodao:

– Idite i pitajte u njegovoj kancelaraji; ja ću sačekati ovde. Samo požurite, molim vas.

Posle nekoliko minuta policajac i Kembel spuštali su se zajedno niz ulicu Obućara Džona. Išli su ćutke između glatkih, do neba visokih zidova, i kroz maglu Kembel se setio: tako je – bez kraja – on već jednom išao između glatkih beskrajnih zidova...

15. Zmijska koža

Jesenji vetar je besneo, fijukao, sekao. Sa mora se spuštala ogromna siva ptica, zaklonila je krilima pola neba, bila je sve bliže, neumoljiva, nema, polagana, i bilo je sve tamnije. Ali gomila se nije razilazila: proneo se glas, da bi ubica mogao biti pomilovan. Zaista, kad pogledaš, ime i zasluge njegovog oca, pokojnog ser Harolda, još nisu bili zaboravljeni, i lako se moglo desiti da...

– Dole serovi! – graktao je neko uporno i promuklo. – Kako su onog vojnika prošle godine obesili... Dole serovi!

Fenjer na ulazu u zatvor klatio se i poskakivao, i beli zidovi su se ljuljali, kao da će pasti. Pravosuđe je bilo u opasnosti...

Iz mase je izronila fudbalska glava Mekintoša. Bio je uzbuđen, glas mu je podrhtavao:

– Gospodo, pravosuđe i kultura su nerazdvojni! Mi se moramo dići na zaštitu kulture! Gospodo, može li se zamisliti išta gore od hladnokrvnog, smišljenog ubistva? I zato, na žalost... Da, da, rekao sam – na žalost – mi moramo tražiti najstrožu kaznu...

– Dole serovi!

Vetar je fijukao. Od fenjera se pružala dugačka svetla traka, i u njoj su se, kao zmijska koža, prelivala lica, polucilindri, kragne – laganim, nezaustavljivim kretanjem puzeće zmije. Reči se više nisu mogle razlučiti: zmija se prelivala i besno siktala.

Odnekud je, kao pušteno iz kaveza, doletelo jato dečaka – svi bosi i svi sa belim kragnama:

– „Džesmondska zvezda“! Vanredno izdanje! Pomilovanje za ubicu advokata O'Kelija!

– Šta? Već? Pomilovanje? – grabili su bele listove.

Ali reč je bila samo o mogućem pomilovanju, uz napomenu, da bi to – uzimajući u obzir zasluge pokojnog ser-Harolda – bilo sasvim...

– Dole serovi!

– Gospodo, pravosuđe!...

– Dole „Džesmondska zvezda“!

Zmijska koža se sve brže prelivala pod fenjerom, zmija je zagrebala po asfaltu, zapuzala prema redakciji „Džesmondske zvezde" i u dvadeset prstenova omotala mračne prozore. U redakciji nije bilo nikoga. Tresnuo je kamen u staklo, poletele su, zazveckale krhotine. Ali prozori su i dalje bili prazni i mračni. A tamna nema ptica spuštla se sve niže.

Vreme je bilo da se ide kući – u krevetima su već nestrpljivo čekale plave i ružičaste žene. Čekale su da bi, žmureći od straha i radoznalosti, upitale:

– Stvarno će ga pomilovati? Stvarno...

I onda zadrhtale i priljubile se uz muževe: kako je lepo biti živ...

Uveče je vetar iznenada stao, i postalo je tiho i crno – kao da je čitav svet nestao nekud. Dešava se, da se čovek čitav dan vrti izgubljeno, trza se od svakog šuma i smeje se tako da ga je strašno slušati, i oči mu tonu sve dublje, i samo jedna mu je misao: zariti glavu u jastuk, pasti u tamu – zaspati. Takva je bila ta noć: dan je zario glavu u jastuk, izgubio se – ni svetla, ni zvuka.

Uveče misis Duli kao da je postalo malo lakše. Čitav dan je bio mučan: opet je izgubila cviker, i čitavog dana je tumarala kao slepa, spoticala se i naletala na ljude. I sve je trčala u prodavnice, u kupovinu, a kad se nađe tamo – niti je potrebno išta da se kupi, i uopšte nije stvar u tome, da li treba ili ne, već, zar nije sad svejedno – šta ima sad da se kupuje?

Ručak je, umesto u šest, bio tek u šest i petnaest, i vikar je podigao oštre trouglove-obrve:

– Draga moja, pa to je bar jednostavno: treba samo imati rezervni cviker. I onda ne biste tako... tako neobično izgledali. I bio bi red, a vi znate...

– Dobro, kupiću sutra... – misis Duli se trgla i ispravila: – Prekosutra...

Jer sutra... Ko može išta da kupuje sutra, kad će sutra, tamo, u zatvoru, Kembela izvesti u dvorište i staviti mu...

U spavaćoj sobi je bilo mračno, nije trebalo ni u šta gledati, i možda je zato misis Duli bilo lakše, i ona je neočekivano zaspala.

Verovatno je spavala svega nekoliko minuta. Probudila se, otvorila oči i ugledala vikarevu belu, flanelsku noćnu kapicu: vikar je, u skladu sa preporukama iz svog „Zaveta", složio ruke na grudi i spokojno, tiho hrkao. Sve je bilo crno i nemo kao da se čitav svet nekud izgubio. I kad bi sad počela da vrišti – niko je ne bi čuo i ništa ne bi bilo: čitav svet je mirno spavao, hrčući, u noćnim kapicama...

Ne zna se, koliko dugo je spavao vikar, tek, probudili su ga krici misis Duli. Odmah je shvatio: to je strašan san – treba je odmah probuditi... Snovi se nisu mogli podvrgnuti rasporedu i vikar se strašno plašio snova.

San misis Duli je, očigledno, bio vrlo čvrst – vrištala je sve glasnije i prestala tek kad joj je vikar spustio svoju hladnu ruku na rame.

– Mislim, da ne biste smeli toliko jesti uveče, draga...

– Da, i ja mislim – odgovorila je u tami misis Duli.

Kroz pet minuta vikar je opet spavao, tiho hrčući, i sve je bilo crno i nemo.

16. Likujuće sunce

Bilo je određeno za pola deset, što je sasvim razumljivo: svaki kulturan čovek ima pravo da se obrije i doručkuje, i u tome, što je bilo određeno za pola deset, samo se ogledalo uvažavanje jednog kulturnog čoveka prema drugom – pa makar taj bio i prestupnik.

Sunce je bilo blistavo. Sunce je likovalo – to je bilo jasno svakome, i pitanje je samo, da li je to bilo likovanje zbog pobede pravosuđa – a prema tome i kulture – ili je to bilo...

Zmijska koža uzbuđeno je strugala i prelivala se:

– Gospodo, zna li se nešto?...

Ne, juče se ništa nije čulo – možda danas... Najzad, sve će se saznati na kraju – ako zazvoni u pola deset zatvorsko zvono.

Do zatvora se probio pažljivo izbrijani rumeni starčić, jedan od onih, što izgledaju kao ukusne, s merom pripečene piroške.

Misis Duli se okrenula vikaru; disala je kratko i ubrzano:

– Ko... ko je to? Ko je taj što je ušao?

– A, taj? To je, draga, m a j s t o r.

Misis Duli je dohvatila vikara za ruku iznad lakta, stegla ga iz sve snage:

– Hoćete da kažete, da je to taj... što će...

Vikar je stresao njenu ruku:

– Gledaju nasss! Ništa ja neću da kažem. Vi ne umete da ssse kontrolišete!

Misis Duli je ućutala. Pored nje je zablistao nečiji sat:

– Dva minuta do pola deset.

Dva minuta... Zmijska koža se napela, zamrla, nije se micala. Bifteški-rumeni posetioci boks-mečeva i konjičkih trka nisu odvajali pogled od svojih časovnika. Ravnodušno su bleskale bakarne trube Vojske spasa. Rumeno, uhranjeno, likujuće dizalo se sunce. Inje na krovovima se topilo, i kapi su kuckale kao časovnik, jasno odbijajući sekunde do pola deset.

Kapnulo je još jednom, i još jednom – poslednji put – i pola deset je. Sekunda puna napetosti... i – ništa, zvono je ćutalo.

Zmijska koža je odmah zastrugala, zasiktala, i sve glasnije. Svi su bili uvređeni: i ljubitelji boks-mečeva i konjskih trka, i pobornici kulture.

Kipelo je i prelivalo se. Ruke su mahale. Zmija se zloslutno uvijala i rasplitala, ne odlazeći, iščekujući.

Misis Duli – bez cvikera, sa nakrivljenim šeširom – opet je zgrabila vikarevu ruku:

– Je li... je li to... Znači, on je... znači, neće ga... Je li tako?

Vikar Duli je nije slušao, gledao je na sat: bilo je već dvadeset do deset.

U petnaest do deset, kad se više niko nije nadao, zatvorsko zvono odjednom je zapevalo laganim, bakarnim glasom; sa neba je padala bakarna, tiha kiša.

Misis Duli je povikala čudnim, nedžesmondskim glasom:

– Ne, zaboga, ne! Zaustavite ih, za...

Dalje se više nije čulo: zmija se divlje zavrtela, zašarenela maramicama i povicima. Sunce je likovalo, rumeno i ravnodušno. Trube Vojske spasa svirale su otegnutu himnu. Svi su sa olakšanjem klekli da se pomole za dušu ubice.

A posle, kada se sve stišalo, vikar Duli je održao govor o nužnosti sprovođenja u život „Zaveta spasenja". Zar sve ovo, što se dogodilo i što je pomutilo tih i miran život Džesmonda, nije najubedljiviji dokaz? Kada bi država silom povela slabe duše pravim putem, ne bi se moralo pribegavati ovakvim žalosnim, mada neophodnim merama... Spas bi stizao matematički-neizbežno, razumete – matematički!

Svi su povikali *cheero* u čast vikara Dulija, ponosa Džesmonda, i jednoglasno usvojili rezoluciju. Treba se nadati, da će ovog puta zakon o „prinudnom spasenju" najzad biti usvojen.

(1917.)

IZAĆI IZ „SREZA",
IZMENITI „OSTRVLJANE"...

Bar što se pravih čitalaca umetničke književnosti tiče, a ne žaljenja dostojnih zalutalih putnika u nju, Zamjatina znaju gotovo svi. Možda će utoliko čudnija biti novost da je kod nas prevedena tek polovina njegovog inače nevelikog opusa, dok nešto od one druge polovine, koja zasigurno nije manje vrednosti, tek sad dolazi pred čitaoca. To su, u prvom redu, pripovetke „Srez" i „Ostrvljani", koje se uz Zamjatinovo ime nalaze u svim enciklopedijama. A „Srez" je tada sveprisutni i u mnogo čemu zaslužni Maksim Gorki ocenio kao najbolje Zamjatinovo delo.

Jevgenij Ivanovič Zamjatin rođen je 20. januara (po starom kalendaru) 1884. godine „usred tambovskog kraja, gde se govori najlepši ruski jezik, u Lebeđanu o kojem su pisali Tolstoj i Turgenjev" (iz njegove kratke autobiografije). Po završetku gimnazije u Voronježu, 1902. postaje student Peterburškog politehničkog instituta. Profesija koju je stekao – inženjer brodogradnje – omogućiće mu da kasnije ostvari dela koja takoreći ne zaostaju za književnim; u Engleskoj je gradio najveće ruske i sovjetske ledolomce – „Lenjin" i „Krasin".

Ne računajući jedan zanemarljiv pokušaj 1908. godine, Zamjatin je u književnost ušao 1912. upravo pripovetkom „Srez". Nije to tako redak slučaj ni u književnosti, pa ni u umetnosti uopšte, da jedno od prvih dela bude i jedno od najvećih. O ruskoj provinciji, o geografskoj zabiti i o onoj duševnoj, ljudi koji žive u njoj, već su pisali i slavniji ruski pisci, pa ipak je malo dela koja na čitaoca ostavljaju tako upečatljiv i težak utisak. Zamjatinov Bariba (očigledno, po biblijskom Barabi ili Varavi) prelazi naporan put od propalog đaka do predstavnika vlasti. Na svakom koraku tog puta žrtva otupele, onečovečene sredine stvara od retkih u kojima se sačuvalo nešto ljudske dobrote svoje žrtve. („Ta-ko! Sad možeš da plačeš dalje!" – „Sad da dunem – ugasili bi se i sveća i matori!" – „On je ionako gotov od jektike"...)

Zamjatin 1916. i 1917. gradi brodove u Engleskoj i piše „pod bombama iz nemačkih cepelina i aeroplana". Tamo su nastala dva dela i deo temelja za treće. Prvo, priča „Lovac na ljude" – opet izraz iz Biblije (biblijski lovac lovi ljude za carstvo nebesko; londonski lovi ljubavne parove i ucenjuje ih). Zatim, sjajna pripovetka „Ostvrljani". Kulturni, uredni, izveštačeni „Ostvrljani" i grubi, polupismeni žitelji ruskog sreza izgledaju kao dva suprotna pola. Ali i to je samo na prvi pogled. Na oba ta pola padaju žrtve kao rezultat onečovečenosti njihovih stanovnika.

Štancovani ostrvljani koji žive životom navijenih lutaka, s jedne strane, i boljševička vizija budućnosti s druge, bili su temelj za najpoznatije Zamjatinovo delo – antiutopiju *Mi*. Međutim, Zamjatin je, po svojim rečima, i sam bio boljševik onda kad je to bilo najteže – 1905. godine. 1917. se vratio u Rusiju čim je čuo vest o izbijanju revolucije. Držao je predavanja na Politehničkom institutu i bio član uredništava više sovjetskih časopisa. Po rečima Viktora Šklovskog, „Zamjatin je revoluciju prihvatio, ali na svoj način, kao nešto što je i sam čekao, kao silu koja će uništiti onaj mrtvi 'sreski' život 'ostrvljana', iz kojeg je i sam izišao i protiv kojeg se borio. Poverovao je u revoluciju kao u silu koja će otpočeti novu etapu u istoriji čovečanstva". Dela koja je tih godina pisao, posebno roman *Mi*, dokaz su postepenog gubitka te vere. Roman je 1925. objavljen u Engleskoj, ali za njegovog života nije i u Rusiji. Delimično iz ovog romana izrastao je *Vrli novi svet* Oldosa Hakslija, a zatim iz ova dva romana *1984* Erika Blera tj. Džordža Orvela, i to su tri najveća dela antiutopijskog žanra. Kao književnu prethodnicu Zamjatinovog romana mogli bismo posmatrati samo jedan od završnih delova „Istorije jednog grada" Saltikova-Ščedrina. Kod nas je roman *Mi* objavljen u dve edicije naučne fantastike, što bi moglo značiti da mnogi čitaoci, izbegavajući ovaj „neozbiljni" žanr, nisu upoznati sa njim.

U stvaralaštvu Zamjatina usledile su drame *Vatre sv. Dominika, Buva, Atila* i niz priča i pripovedaka najčešće istovremeno prožetih mračnom i turobnom atmosferom i simpatijom i toplinom autora prema svojim likovima – „Pećina", „Mamaj", „Zemljomer", „Afrika", „Dečja soba", „Jola"... Ili su to, reklo bi se, usiljeno vesele a ipak vrhunske satirične priče „Zmaj", „Desetominutna drama", „Reč ima drug Čurigin", „Iks". Među njima su i (oveštala ali ovog puta istinita fraza) pravi biser svetske satire – kratke „Priče o Fiti". U neiskorenjivoj modi da se piscima pripisuju predviđanja događaja i pojava, previđeno je da je Zamjatin u četvrtoj priči o Fiti, staroj 80 godina, sasvim uzgred predvideo ni manje ni više nego – dete iz epruvete („živeo je u gradu premudri apotekar: napravio je čoveka, ali ne kao mi, grešni, već ga je u staklenoj posudi napravio")!

Mračna su uglavnom i teška Zamjatinova dela, baš kao i vreme u kojem je živeo. U tom vremenu trebalo je uložiti mnogo napora da se stvari sagledaju sa humorom, a i tada je to bio najčešće crni humor. Uz Bulgakova i Vojnoviča, Zamjatin se pokazao kao najveći majstor u ovakvom sagledavanju XX-og veka.

Teško bolesnom Zamjatinu Gorki je 1931. godine (opet on!) pomogao da ode na lečenje u inostranstvo. Narednih nekoliko godina, gotovo ništa ne pišući, Jevgenij Zamjatin je živeo s nadom u povratak. Ali drugog povratka u domovinu nije bilo. Umro je 10. marta 1937. godine u Francuskoj i sahranjen je na jednom groblju blizu Pariza.

Andrij Lavrik

SADRŽAJ

Srez 5
Ostrvljani 71
Andrej Lavrik: Izaći iz *Sreza*, izmeniti *Ostrvljane* . . 133

Jevgenij Zamjatin
SREZ
*
Glavni urednik
JOVICA AĆIN
*
Grafički urednik
MILAN MILETIĆ
*
Lektor
MIROSLAVA STOJKOVIĆ
*
Korektor
NADA GAJIĆ
*
Nacrt za korice
JANKO KRAJŠEK
Realizacija
ALJOŠA LAZOVIĆ
*
I. P. RAD, d. d.
Beograd, Dečanska 12
*
Za izdavača
ZORAN VUČIĆ
*
Priprema teksta
Grafički studio RAD
*
Štampa
ZUHRA, Beograd

CIP – Каталогизација у публикацији
Народна библиотека Србије, Београд

882-32

ЗАМЈАТИН, Јевгениј Иванович
    Srez / Jevgenij Zamjatin ; [preveo s ruskog Andrij Lavrik]. –
Beograd : Rad, 1998 (Beograd : Zuhra). – 137 str. ; 19 cm. – (Reč i mi-
sao ; knj. 482)

Prevod dela: Izabrannye proizvedenija / Evgenij Zamjatin. – Str.
133–136: Izaći iz „Sreza", izmeniti „Ostrvljane"... / Andrij Lavrik.

ISBN 86-09-00553-4

ID=63887116